Er mwyn cenedl y Cymry, er mwyn iaith a llenyddiaeth Cymru rwyf wedi fy amddifadu fy hun o holl gysuron bywyd.

Iolo Morganwg

Pennaf nodwedd wahaniaethol cenedl yw ei hiaith a hebddi, a oes cenedl ar ôl?

D. Tecwyn Lloyd

Odid nad y trosedd duaf yw difa'r gorffennol.

J. R. Jones

COF CENEDL XVII

YSGRIFAU AR HANES CYMRU

Golygydd
GERAINT H. JENKINS

Gwasg Gomer

Argraffiad cyntaf—2002

ISBN 1 84323 069 0

© Gwasg Gomer 2002

Dymuna'r cyhoeddwyr gydnabod cymorth
Adrannau Cyngor Llyfrau Cymru.

Argraffwyd gan
Wasg Gomer, Llandysul, Ceredigion

Cynnwys

Lluniau

Rhagair

Gan fod bywyd, gwaith a dylanwad yr athrylith ffaeledig hwnnw, Iolo Morganwg, yn rhan mor bwysig o hanes twf a datblygiad ein hymwybod cenedlaethol, y mae'n siŵr y bydd caredigion y gyfres hon yn falch o wybod bod Canolfan Uwchefrydiau Cymreig a Cheltaidd Prifysgol Cymru newydd lansio prosiect amlddisgyblaethol cyffrous ar 'Iolo Morganwg a'r Traddodiad Rhamantaidd yng Nghymru 1740–1918'. Fel y gwyddys, yr oedd Iolo yn rhyfeddol o wybodus ynghylch iaith, llenyddiaeth, hanes, pensaernïaeth, archaeoleg, cerddoriaeth, traddodiadau gwerin a llawer maes arall, a chafodd ddylanwad arloesol ar ddelwedd newydd ramantaidd Cymru'r bedwaredd ganrif ar bymtheg. Fel y dywedodd yr Athro Hywel Teifi Edwards ryw dro: 'y mae pawb sy'n gwybod rhywbeth am lên Cymru yn gwybod rhywbeth am Iolo Morganwg. Dyna'r drafferth: trwy ei gymryd yn ganiataol collwn olwg ar ei ryfeddod.' Un o amcanion y prosiect fydd esbonio sut y lluniodd y gŵr athrylithgar hwn gyfuniad tra deniadol o hanes a llenyddiaeth y parhaodd ei ddylanwad ymhell wedi ei farw ym 1826.

Bydd tîm o ymchwilwyr ifanc, gyda chymorth ysgolheigion profiadol, yn ymgymryd, chwedl Elijah Waring (cofiannydd cyntaf Iolo), â 'mordaith hir o ddarganfyddiadau drwy archipelago o ddogfennau' a gedwir yn Archif Iolo Morganwg yn Llyfrgell Genedlaethol Cymru. Byddai hynny wedi plesio Iolo yn ddirfawr oherwydd yr oedd ymhlith yr ymgyrchwyr cynharaf dros sefydlu llyfrgell genedlaethol yng Nghymru. Meddai yn un o'i lawysgrifau: 'a National Library when founded in Wales I will give my MSS to it, with an injunction that permission be given in the Library to copy anything, but not out of it.' Y nod yw cyhoeddi cyfres o gyfrolau a fydd yn taflu goleuni ar y modd y ffurfiwyd gweledigaeth hanesyddol a llenyddol Iolo a sut y daeth y weledigaeth honno'n rhan o gof cenedl y Cymry. Yn ei gyfanrwydd, y mae'r prosiect yn argoeli i fod yn waith llawn dychymyg (nid yn yr ystyr Ioloaidd!) a chreadigrwydd, a'r gobaith yw y bydd yn apelio at drawstoriad eang o bobl. Yr un pryd, bydd pob un ohonom sy'n ymhél â'r prosiect yn ymwybodol iawn o'r hyn a ddywedodd Iolo am haneswyr Cymru: 'I cannot help using the language of sarcasm, when I am obliged to mention the *stuff* that has been written on Welsh History.'

Hoffwn ddiolch yn ddiffuant iawn i staff Llyfrgell Genedlaethol Cymru am eu cymorth wrth baratoi'r rhifyn hwn, i Nia-Lowri Davies am brosesu'r gwaith mor siriol a diffwdan, i Glenys Howells am gymorth golygyddol anhepgor, i Elgan Davies am ddylunio'r clawr, i Dewi Morris Jones am ei anogaeth, ac i Bethan Mair a'i chyd-weithwyr yng Ngwasg Gomer am lywio'r ail rifyn ar bymtheg hwn drwy'r wasg â'r un gofal ag a roddwyd i'r cyntaf un ym 1986. Diolchaf hefyd i'm gwraig Ann am ganiatáu i mi ymneilltuo i'm stydi am oriau lawer gyda'r hwyr er mwyn dwyn y gwaith i ben mewn da bryd. Mawr fydd ei gwobr ryw ddydd!

Gŵyl Owain Glyndŵr 2001   *Geraint H. Jenkins*

Y Cyfranwyr

Mr DYLAN FOSTER EVANS, Darlithydd, Adran y Gymraeg, Prifysgol Cymru Caerdydd

Dr E. WYN JAMES, Uwch-ddarlithydd, Adran y Gymraeg, Prifysgol Cymru Caerdydd

Mr JAMIE MEDHURST, Darlithydd, Adran Astudiaethau Theatr, Ffilm a Theledu, Prifysgol Cymru Aberystwyth

Dr RHYS TUDUR, Golygydd Cynorthwyol, Geiriadur Prifysgol Cymru, Aberystwyth

Dr HUW WALTERS, Llyfrgellydd Cynorthwyol, Llyfrgell Genedlaethol Cymru, Aberystwyth

Dr SIONED NON WILLIAMS, Curadur Cynorthwyol, Amgueddfa Werin Cymru, Sain Ffagan

Dymuna'r golygydd a'r cyhoeddwyr ddiolch i'r canlynol am ganiatâd i atgynhyrchu'r lluniau hyn:

Arfdai Brenhinol, Castell Caeredin: Rhif 2
Cwmni HTV: Rhifau 31, 32, 33, 34, 36.
Darluniau Hanesyddol Peter Newark: Rhif 1.
Hawlfraint Coron Prydain: Comisiwn Brenhinol Henebion Cymru: Rhifau 7, 11.
Llyfrgell Codrington, Coleg yr Holl Eneidiau, Rhydychen: Rhifau 5, 6.
Llyfrgell Genedlaethol Cymru: wyneb-lun, Rhifau 3, 4, 8, 9, 10, 12, 13, 15, 17, 18, 19, 20, 21, 22, 23, 24, 25, 26, 27, 28, 29, 30, 35.
Llyfrgell Neuadd y Gorfforaeth, Llundain: Rhif 14.
Rhiain Davies a Gwasg Gregynog: Rhif 16.

'GWLAD Y GWN'?: CYMRU, Y CANON A'R DRYLL HYD AT DDIWEDD OES ELISABETH I

Dylan Foster Evans

Aeth y trwst a'th wayw trostynt:
er bwrw braw gwn Barbra gynt.

Lewys Môn

Yn ystod blynyddoedd cynnar y bedwaredd ganrif ar ddeg safai stanc ar furiau'r Tŵr Gwyn yn Llundain ac arno ben Llywelyn ap Gruffudd. Dangosai hynny i bawb a fynnai weld mai llafn miniog arf Seisnig a roesai derfyn arno ef a'i dywysogaeth. Ond yn negawdau cynnar y ganrif, yn yr un Tŵr Gwyn, ochr yn ochr â'r cleddyfau, y picellau a'r gwaywffyn a gedwid yno ers canrifoedd, yr oedd peiriannau rhyfel cwbl newydd wedi dechrau ymgartrefu. Ni wyddom o ble na phryd yn union y daethai'r arf newydd o'r dwyrain, na thrwy law pwy, ond erbyn dauddegau'r bedwaredd ganrif ar ddeg yr oedd y gwn, yn gyntefig ac annibynadwy fel ag yr oedd, wedi cyrraedd teyrnas Lloegr. Ac wedi hynny, ni fyddai fawr o dro yn dod i gysylltiad â chenedl y Cymry. Cred rhai haneswyr i'r ddyfais hon chwyldroi hanes holl wledydd y gorllewin, a nod yr ysgrif hon yw ceisio dirnad ei heffaith ar Gymru, gan fwrw golwg dros y ddwy ganrif a hanner gyntaf yn hanes ymwneud y Cymry â'r gwn.

Pan ymddangosodd y ddyfais hon am y tro cyntaf, yr oedd y Cymry yn genedl a oedd newydd ei dofi. Gan hynny, yn erbyn y gelyn traddodiadol arall, yr Albanwyr, y defnyddiodd y Saeson eu gynnau am y tro cyntaf. Ym 1327, gwta dair blynedd ar ddeg wedi i farchogion Edward II gael eu chwalu gan luoedd Robert Bruce ym mrwydr Bannockburn, clywir sôn am y Saeson yn defnyddio 'crakkis of wer' yn ystod un o'u cyrchoedd i'r gogledd. Chwe blynedd yn ddiweddarach, wrth i'r Saeson ymosod ar dref Berwig, nododd un croniclydd mewn rhyfeddod: 'the English made meny assaute with gonnes and with othere engynes to the toune, wherwith thai destroide meny a fair hous; and cherches also weren bete adoune vnto the erthe, with gret stones, that spytously comen out of gonnes and of other gynnes'. Erbyn 1333, hanner canrif wedi cwymp tywysog olaf Gwynedd, yr oedd y gwn eisoes yn gallu gwneud difrod mewn modd a fyddai'n gyfarwydd i drigolion yr ugeinfed ganrif.

Rhaid gochel, fodd bynnag, rhag honni i ymddangosiad y gwn achosi chwyldro dros nos. Er bod rhai deallusion fel Roger Bacon (m.1292) yn gyfarwydd â phowdwr gwn ers degawdau, nid oedd y gynnau cynnar yn fwy pwerus na'r hen fagnelau a chatapyltiau a ddefnyddid ers canrifoedd. Yn wir, am gyfnod eithaf hir fe'u defnyddid ar y cyd â'r peiriannau mwy traddodiadol pan oedd galw am ddymchwel muriau amddiffynnol cestyll neu drefi caerog. Nid peli canon neu feini gwn (term cyffredin yr Oesoedd Canol) a saethid ganddynt bob tro ychwaith – bolltau trymion oedd cad-ddarpar rhai o'r gynnau cynnar. Mewn gwirionedd, drwy'r rhan fwyaf o'r bedwaredd ganrif ar ddeg nid oedd y gynnau yn ddigon pwerus i ddymchwel muriau cedyrn, er y gallent wneud cryn ddifrod oddi mewn i drefi caerog, fel y gwyddai'r Albanwyr yn dda. Yn eironig ddigon, gallai'r gynnau fod yn fwy peryglus i'r gynwyr eu hunain nag yr oeddynt i'r bobl yr anelid atynt, gan fod y gynnau cynnar yn tueddu i orboethi a ffrwydro'n ddirybudd. Yr oedd yn rhaid

1 Enghraifft o'r gwn llaw ('hand-gonne') a ddyfeisiwyd tua diwedd y bedwaredd ganrif ar ddeg.

wrth gryn ddewrder i ddefnyddio'r gynnau hyn, ynghyd â pharodrwydd i arbrofi. Gwelwyd cryn dipyn o'r arbrofi hwnnw yn y Tŵr Gwyn ei hun – yno y ceid y casgliad pwysicaf o ynnau cynnar, ac yno hefyd, erbyn 1346 ar yr hwyraf, y cynhyrchid y powdwr gwn angenrheidiol i'w tanio. Wrth i ddiwedd y ganrif ddynesu lleihâi'r stôr o fwâu a saethau wrth i bwysigrwydd y gwn a'r powdwr gynyddu. Ym 1370 crëwyd isadran arbennig ar gyfer gofalu am y gynnau o fewn gwardrob, neu swyddfa fewnol, y brenin. A chyn marwolaeth Edward III ym 1377 cynhyrchai gofaint y brenin ynnau yn y Tŵr ei hun, fel nad oedd Lloegr yn gwbl ddibynnol ar fewnforion o dramor. Ymhen llai na chanrif wedi marwolaeth Llywelyn ap Gruffudd, felly, yr oedd dull cwbl newydd o filwra yn prysur ymsefydlu yn Lloegr.

Yn erbyn y Saeson yr ymladdasai milwyr Llywelyn, wrth gwrs, ond *gyda* hwy yr ymladdai Cymry'r bedwaredd ganrif ar ddeg (gydag Owain Lawgoch – gŵr a chanddo gryn brofiad o ynnau – a'i ddilynwyr yn eithriadau prin). Cyd-ddigwyddiad llwyr oedd i'r milwyr Cymreig ddod i amlygrwydd ar yr un pryd â'r gwn, ac o ganlyniad i'r un amgylchiadau, sef y Rhyfel Can Mlynedd yn erbyn Ffrainc a ddechreuodd ym 1338. Daeth y rhyfel hwn â chryn enwogrwydd i wŷr megis Syr Rhys ap Gruffudd (c. 1283–1356), a chryn amlygrwydd i'r gwn, fel y gwelwn yn y man. Yn wir, y mae'n bosibl mai yn y 'lluched mellt-dân llachar' a oedd i'w gweld, yn ôl Iolo Goch, o gwmpas Syr Rhys ym mrwydr Crécy (1346) y ceir y cyfeiriad cynharaf at fflachiadau'r gwn mewn barddoniaeth Gymraeg.

Eto i gyd, digon di-nod, mewn gwirionedd, oedd dylanwad y gwn yn hanner cyntaf y Rhyfel Can Mlynedd. Dyna un rheswm paham y mae'n rhaid troi at ffynhonnell dra annisgwyl i gael gweld enwi'r gwn am y tro cyntaf (yn ôl pob tebyg) yn yr iaith Gymraeg. Yn y gerdd 'Cywydd y Gal', a briodolir i Ddafydd ap Gwilym, cwyna'r bardd am ei gal ei hun, gan fod yr hyn a eilw'n '[b]estel crwn, gwn ar gynnydd', yn llawer rhy fywiog i'w les ei hun ac i les ei gariad. Hyd yn oed pe na bai Dafydd wedi gweld gwn ei hun, adwaenai ddigon o noddwyr a fyddai wedi gallu disgrifio cyneddfau gwn iddo. Felly hefyd Iolo Goch. Ei noddwr mawr ef ar ddiwedd y ganrif oedd Owain Glyndŵr, ac o ganlyniad i'r cyrchoedd yn erbyn yr Alban a Ffrainc y bu ef yn rhan ohonynt y mae'n sicr y byddai wedi profi effaith y gwn yn y gad. A chan fod tystiolaeth ddogfennol ar gael i brofi bod gynnau yng nghestyll Holt, Y Waun, a Chroesoswallt, ac yng Nghastell Philipa (Shrawardine), oll yn ardal Owain, erbyn diwedd y bedwaredd ganrif ar ddeg, y mae'n amlwg y gwyddai ef yn dda am y gynnau Seisnig y gellid eu defnyddio yn ei erbyn pe meiddiai wrthryfela.

O edrych ar y ddwy ochr yng ngwrthryfel Glyndŵr, sylweddolir yn syth mai arf y Saeson oedd y gwn. Mewn gwirionedd, yn rhan o'r ymateb i wrthryfel Owain Glyndŵr y daeth i wir amlygrwydd yng Nghymru am y tro cyntaf. Nid oedd gan y Cymry eu hunain y modd na'r gallu gwleidyddol i fod yn berchen ar yr arf newydd hwn. Manteisiodd llywodraeth Lloegr ar hynny a mynd ati i sicrhau bod eu cadarnleoedd wedi eu hamddiffyn â gynnau a oedd yn barod i danio. Mewn rhestr o adnoddau milwrol a archebwyd ar gyfer tref a chastell Aberhonddu ym mis Chwefror 1404, pan oedd y gwrthryfel yn ei anterth, ceid chwe chanon, ugain pwys o bowdwr gwn, deg pwys o swlphwr, ac ugain pwys o solpitar. Ceid darpariaeth debyg ar gyfer y de-orllewin yn ogystal, a gwyddom fod gynnau i'w cael yng nghestyll Penfro, Dinbych-y-pysgod, Maenorbŷr a Llanhuadain (Llawhaden) er mwyn gwrthsefyll Glyndŵr. Eisoes ym 1402 yr oedd gynnau wedi eu cludo i gastell Harlech er mwyn ceisio torri gwarchae y Cymry, a'r flwyddyn ganlynol anfonwyd powdwr gwn ychwanegol i gastell Dinbych. Nid oedd gan y Cymry unrhyw arfau y gellid eu cymharu â'r rhain ac, yng ngeiriau Rees Davies, 'the psychological impact of witnessing the latest military technology in action must have been disturbing for the poorly equipped besiegers'. Clod mawr i Owain oedd iddo gipio cestyll Harlech ac Aberystwyth, ond nid ymddengys iddo lwyddo i gipio a defnyddio'r gynnau a fu'n ei wrthwynebu yno.

Ar ddiwedd y gwrthryfel y daeth y gwn i chwarae rhan wir amlwg, a hynny yn y ddau warchae Seisnig ar Aberystwyth a Harlech ym 1407-9. Cludwyd gynnau o leoedd mor bell â Pontefract yn swydd Efrog a'u hanfon i Fryste cyn eu morio *via* Caerfyrddin i'r cestyll. Câi pob gwn yn y cyfnod hwn ei gynhyrchu o fold unigryw, ac felly yr oeddynt i gyd yn wahanol ac yr oedd gan y rhai mawrion eu henwau eu hunain. Enw un o'r gynnau a ddefnyddiwyd yn Aberystwyth, er enghraifft, oedd 'Messager', tra gelwid 'Neelpot' ar un arall. Yn addas ddigon, un o'r gynnau a anfonwyd i Harlech oedd 'The King's Daughter', ac y mae'n bosibl mai ei meini gwn hi yw'r rhai sydd i'w gweld yn y castell hyd heddiw. Ond er gwaethaf yr holl gostau a'r drafferth o'u cludo, nid oeddynt yn gwbl lwyddiannus – ffrwydrodd 'Messager' (a bwysai ymron bum mil pwys) a 'Neelpot' yn deilchion, ynghyd â dau wn llai yng ngwarchae Aberystwyth, a ffrwydrodd 'The King's Daughter' hithau yn Harlech. Fodd bynnag, ni fu'r holl ymdrech yn ofer ychwaith, gan i'r gynnau yn Aberystwyth hawlio o leiaf un gŵr pwysig yn ysglyfaeth iddynt. Dengys cofnodion y llywodraeth Seisnig i Wiliam Gwyn ap Rhys Llwyd, un o gefnogwyr mwyaf dylanwadol Owain, gael ei ladd gan faen gwn a saethwyd i mewn i'r castell. Buasai ef gynt yn stiward dros Siôn o Gawnt yng Nghydweli cyn troi at Glyndŵr, gan losgi tref Cydweli ar 20 Awst 1404 ac wedyn ymuno â'r gwarchodlu a amddiffynnai gastell Aberystwyth. Efallai y gellir hawlio iddo ef yr anrhydedd a roddir yn aml i'r Sais Thomas de Montagu, Iarll Caersallog, a laddwyd yng ngwarchae Orléans ym 1428, sef mai ef oedd y gŵr bonheddig cyntaf o'i genedl i'w ladd gan faen gwn.

Er gwaethaf tynged Wiliam Gwyn, ymddengys na chafwyd llawer o ymateb uniongyrchol o du'r beirdd i'r defnydd o'r gwn yng ngwrthryfel Glyndŵr, er y dylid nodi mai prin iawn yw'r farddoniaeth a gadwyd o gyfnod y gwrthryfel. Ceir un gymhariaeth awgrymog gan Lywelyn ab y Moel yn ei gywydd enwog i Frwydr Waun Gaseg lle y cyfeiria at aelod o lu Seisnig 'yn canu tabwrdd / o glariwn uwch no gwn gwrdd', ond nid cyn i'r Rhyfel Can Mlynedd ailddechrau ym 1415 yr enillodd y gwn ei blwyf fel arf allweddol. Gwyddys yn dda fod llawer o gyn-gefnogwyr Owain wedi mynd i Ffrainc i ymladd dros Harri V, ond nid mor hysbys yw'r ffaith fod y Cymry wedi teithio gyda rhai o'r gynnau a ddefnyddiasai Harri yn Aberystwyth ychydig flynyddoedd ynghynt ar y fordaith dros y Sianel. Gan ddechrau ym 1415 gyda brwydr Agincourt – brwydr sy'n haeddiannol enwog am y gwŷr bwa a saeth yn hytrach na'r gynnau – cafodd y Saeson sawl blwyddyn o gryn lwyddiant yn Ffrainc. Enillasant diroedd eang, a choronwyd Harri VI yn frenin Ffrainc ym 1431. Fodd bynnag, nid ildiodd y Dolffin, mab brenin Ffrainc, ei hawl ar y goron, ac yn sgil methiant y Saeson i gipio Orléans ym 1429, diolch i Siân d'Arc, dechreuodd eu gafael ar eu henillion yn Ffrainc wanhau. Ond trwy hyn oll, llwyddodd rhai capteiniaid o Gymry – gwŷr megis yr enwog Syr Mathau Goch – i ddod i'r amlwg ymhlith y milwyr Seisnig. Bu Syr Mathau yn noddi beirdd hefyd, ac nid yw'n syndod fod cyfeiriadau at y gwn yn brigo i'r wyneb sawl tro yn y cerddi a ganwyd iddo ef a'i debyg. I Guto'r Glyn, 'main [= 'meini'] gwns tir Maen ac Ainsio' oedd milwyr Syr Mathau, ac mewn cywydd cofiadwy i filwr arall o Gymro, sef Tomos ap Watcyn Fychan, cymharodd y bardd y wledd a ddarparodd ei noddwr â brwydr hyd at angau rhwng beirdd Cymru a gwinoedd Ffrainc. Wrth i'r gwin Ffrengig wynebu meini gwn yr awen Gymraeg, disgrifia Guto '[G]lydsaethu, iawngu angerdd, / Gwin coch â main gynnau cerdd'. A chyda hynny dyna

Guto yn taro ar ddelwedd sy'n dyst i un wedd ar ymateb y beirdd i'r gwn – yr oedd yn arf grymus a thrawiadol a allai fod yn gwbl greiddiol i fyd yr uchelwr Cymreig, arf a oedd o'r herwydd yn rhywbeth y gellid ei gymharu â chryfder a grym awen y beirdd eu hunain. Yng ngeiriau Gutun Owain mewn marwnad i Guto ei hun: '[Ei] foliant a ddyfalwn, / I ddyrnod o geudod gwn', ac yng ngeiriau Tudur Aled yntau wrth sôn am ei athro Dafydd ab Edmwnd: 'Dafydd a wnâi'r gerdd dafawd / dyrnod gwn drwy enaid gwawd.'

Erbyn canol y bymthegfed ganrif yr oedd y Rhyfel Can Mlynedd yn dirwyn i ben, a'r Saeson wedi colli gafael ar bron y cyfan o'u tiroedd yn Ffrainc. Un o'r rhesymau oedd y modd effeithiol y defnyddiwyd gynnau gan y brodyr Jean a Gaspard Bureau ar ran y Ffrancwyr, ar faes y gad a hefyd i ddwyn gwarchaeau i ben yn sydyn ac yn ddiwastraff. Chwaraeodd gynnau ran fawr ym muddugoliaethau pwysig y Ffrancwyr yn Formigny (1450) a Castillon (1453). Yn yr olaf o'r ddwy frwydr hynny daeth gafael Lloegr ar Wasgwyn i ben pan laddwyd John Talbot, Iarll Amwythig, gŵr a fuasai'n bresennol yng ngwarchae Harlech ym 1408–9, wedi i'w farch gael ei daro gan faen gwn. Ond wrth i un rhyfel ddirwyn i ben, yr oedd un arall ar fin dechrau. Yn ysbeidiol rhwng 1455 a 1485 y cafwyd yr ymgiprys rhwng prif deuluoedd Lloegr am yr hawl i'r goron a elwir Rhyfeloedd y Rhosynnau. Byddai'r rhyfel hwn yn dra gwahanol i'r ymladd yn Ffrainc: nid brwydrau i gipio a dal tir a gafwyd, ond yn hytrach ysgarmesau gwaedlyd â'r bwriad o gipio awenau llywodraeth drwy drechu a chael gwared ar elynion mewn ymgyrchoedd sydyn ar faes y gad. At ei gilydd nid oedd galw am warchaeau hirion yn erbyn cestyll a threfi caerog fel ag yr oedd yn Ffrainc, lle y byddai gynnau yn eu helfen. O ganlyniad, cymharol gyfyng oedd y cyfleoedd a gâi'r gynwyr i gyfrannu i'r ymladd. Ond, yn natur pethau, yr oedd ambell eithriad.

Un o'r amlycaf o'r rhain oedd ymosodiad lluoedd Iorcaidd Edward IV ar Lancastriaid castell Harlech. Er i Edward, Dug

2 Cyflwynwyd y bwmbart Mons Meg, a wnaethpwyd yn Mons yn
Hainault, yr Iseldiroedd, ym 1449 i Iago II, brenin yr Alban, ym 1457.

Iorc, esgyn i'r orsedd a'i ddyrchafu'n Edward IV ym 1461,
arhosai rhannau o Gymru yn ffyddlon i'r hen frenin Harri VI,
yn enwedig yn y dywysogaeth. Yno yr oedd castell Harlech,
dan gapteiniaeth yr enwog Dafydd ab Ieuan ab Einion, yn
bencadlys i Lancastriaid Gwynedd, fel y buasai i luoedd
Glyndŵr drigain mlynedd ynghynt. Galluogai'r castell hwn i
un o wrthwynebwyr mwyaf penderfynol Edward, Siasbar
Tudur – 'Siasbar a gâr y maen gwn', yn ôl Lewys Glyn Cothi –
danseilio awdurdod Edward yng ngogledd Cymru. Ond pan
arweiniodd Wiliam Herbert, cyfaill personol i Edward a
Chymro mwyaf grymus ei ddydd, lu mawr i Harlech ym 1468,
ni fu'r castell yn hir cyn syrthio. A chan mai Wiliam oedd
noddwr pwysicaf y beirdd yn ei ddydd, ni fuont hwythau yn
hir cyn canu clodydd yr ymgyrch. Disgrifiodd y bardd Hywel
Dafi y modd y cipiwyd y castell, gan ganmol y 'peiriannau fal
mab brenin' a'r modd y bu '[t]arfu gwŷr â thwrf gwns'. Diau

mai Cymry oedd y rhan fwyaf o filwyr cyffredin Herbert, ond ni raid tybied ychwaith iddo orfod dibynnu ar ynwyr Seisnig i drechu'r castell. Yr oedd mwy na digon o arbenigedd ganddo a'i ddilynwyr heb iddynt orfod dibynnu ar estroniaid. Gallai Herbert droi at wŷr megis John Newborough, a ddaliai swydd 'ceidwad magnelau [*artillery*] a gynnwr trefi Gogledd Cymru' ym 1464–5, neu at Thomas Vaughan (m.1483), Iorciad arall o Went, a ddaliasai swydd Meistr yr Ordnans yn y Tŵr Gwyn am ryw ddeng mlynedd yn ystod pumdegau'r bymthegfed ganrif. At hynny, yr oedd mwy na digon o brofiad personol gan Herbert ei hun. Ymladdasai ar y cyd â'r capten mawr Mathau Goch yng ngogledd Ffrainc yn ogystal â chwarae rhan amlwg mewn mwy nag un frwydr o blaid yr Iorciaid. Ac nid oes unrhyw fan sy'n well tyst i'w rym gwleidyddol a milwrol na'r castell a gododd iddo ef ei hun yn Rhaglan – tebyg mai ef oedd y Cymro cyntaf i adeiladu dolenni ar gyfer gynnau oddi mewn i furiau ei gartref.

Eironi mawr y gwarchae hwn, fodd bynnag, yw mai nid un o warchodlu'r castell ond un o gyfeillion Herbert oedd yr un gŵr y gwyddom iddo gael ei ladd. Fel y gellid disgwyl, yr oedd gan yr amddiffynwyr hwythau eu gynnau eu hunain, ac ergyd o'r castell a fu'n gyfrifol am ladd Philip Fychan o'r Tyle Glas ger y Gelli Gandryll, cyfaill a pherthynas i Herbert. Ef oedd yr un golled fawr a gafwyd yn ystod yr ymgyrch hon, ffaith a gofnodwyd gan y Sais William Worcestre (*c.* 1415–*c.* 1482) yn ei *Itineraries*, gwaith Lladin sy'n cynnwys disgrifiadau o rai o unigolion a digwyddiadau pwysicaf y dydd:

> Yng ngwarchae Harlech, lladdwyd Philip Fychan, capten y Gelli, gŵr o'r rhyfeloedd yn Ffrainc a'r mwyaf bonheddig ymhlith y gwŷr gwayw, gan faen gwn, ac ni laddwyd unrhyw ŵr o fri yno ond efe.

Fel Herbert, ac yn wir Dafydd ab Ieuan yntau, yr oedd Philip yn feteran o'r rhyfel yn Ffrainc, lle y mae'n amlwg iddo ennill cryn glod iddo ef ei hun fel marchog yn y dull traddodiadol. Ni raid edrych ymhell dan wyneb cofnod Worcestre i weld eironi tywyll yn y ffaith i'r gŵr gwayw medrus hwn gael ei ladd yn ddisymwth gan ergyd gwn. Eto, nid yw Worcestre yn gwneud y pwynt yn uniongyrchol – rhaid darllen rhywfaint rhwng y llinellau. Ond nid oes angen gwneud hynny yn yr unig farwnad a gadwyd i Philip, cerdd o waith y bardd Huw Cae Llwyd. Mwy trawiadol na'r mawl i'r ymadawedig a'r tristwch ar ei ôl yw'r thema anarferol a geir gan y bardd, sef na ddylai uchelwr o filwr dawnus fel Philip fyth fod wedi ei ladd yn y fath fodd. Perthynai anfoesoldeb sylfaenol i'r ffaith fod Philip wedi ei ladd gan '[g]arl' neu daeog a'i saethodd ef â gwn yn dwyllodrus 'o'r cudd':

> Och i alon[1] uchelwyr,
> Ochir, gwn, na châi air gwŷr.
> Gwae'r fraich na chad ger ei fron
> Ar lannerch roi'i elynion!
> Cyn lladd ein canllaw o un
> Ef a laddai fil uddun.[2]
> Nid trwy wrolaeth saethu,
> Troi brad fawr trwy bared fu.
> Nid o rym neu ymwan,
> Ond trwy'r twyll taro a'r tân;
> Tân, llyfrwas, ytiw'n[3] llofrudd,
> Trwy'r carl a'i trawai o'r cudd . . .

[1] 'galon', gelynion   [2] 'uddun', ohonynt   [3] 'ytiw', ydyw

'Brad' yw'r farwolaeth, yn nhyb Huw Cae Llwyd, brad am fod lladd uchelwr a oedd wedi ei hyfforddi'n farchog drwy law saethydd cudd yn weithred annheilwng. Daw'r cywydd hwn â ni at bwynt sylfaenol bwysig ynglŷn â'r gwn. Nid mater o dechnoleg yn unig oedd y gwn i'r Cymry, nac i weddill Ewrop ychwaith – yr oedd hefyd yn ddyfais a oedd yn rhwym o newid y ffordd y syniai pobl am ryfel ac am ymladd. Yr oedd rhywbeth anuchelwrol ynglŷn â'r gwn i Huw Cae Llwyd, a golygai'r ffaith honno nad oedd marwolaeth Philip Fychan yn deilwng ohono. Yn hynny o beth, y mae ei gerdd yn enghraifft berffaith o'r ymateb deallusol i'r ddyfais newydd hon, ymateb a fynegid mewn gwahanol ffyrdd drwy holl wledydd y gorllewin.

Codai'r gwn nifer o gwestiynau anodd i ddeallusion y Gorllewin, ac yr oedd y cyfan ohonynt yn berthnasol i'r Cymry. Pwy ddyfeisiodd y gwn? Pa bryd? Beth oedd goblygiadau moesol yr arf newydd? Beth oedd ei berthynas â Christnogaeth a'r Eglwys? Ac os oedd yn arf moesol, sut y dylid ei ddefnyddio?

Awn yn ôl at y cwestiynau sylfaenol i ddechrau, sef pryd ac ymhle y dyfeisiwyd y gwn, a chan bwy – cwestiynau nad oes sicrwydd amdanynt hyd heddiw, er gwaethaf llu o ymdrechion i'w hateb. Cyfranna hyn at un nodwedd bwysig o'r ymateb i'r gwn ar hyd y canrifoedd, sef y ffaith i'w ymddangosiad cyntaf fynd yn angof, fel bod rhaid ailddyfeisio ac ail-greu hanes iddo dro ar ôl tro. Dychwelwn at warchae Harlech am enghraifft Gymreig o hynny. Yn y disgrifiad o'r gwarchae a geir yn *Herbertorum Prosapia*, yr hanes teuluol a gyfansoddwyd gan Syr Thomas Herbert ar ddechrau'r ail ganrif ar bymtheg, dywedir i Wiliam Herbert groesi mynyddoedd Meirionnydd cyn ymosod ar y castell 'in such furious and thundring manner . . . no guns then knowne, as in short time, and with no great loss of men, he brought the garrison to a capitulacon and surrender upon honorable termes'. Dyna'r cof am y gwn wedi mynd yn gwbl angof yng nghyswllt un o'i lwyddiannau mwyaf yng Nghymru, a hynny mewn testun a gyfansoddwyd gan un o ddisgynyddion Wiliam Herbert ei hun.

Ceir enghraifft gwbl groes o'r un cyfnod mewn llaw-ysgrifau o waith y bardd Rhys Goch Eryri (bl. *c.* 1385–1440). Yn un o'i gywyddau ef, fe'i disgrifia ei hun yn mynd i hela ceirw yn y fforestydd ac ar y ffriddoedd. Sonia am y milgi a'r bwa a saeth sydd ganddo, gan ddychmygu ei sefyllfa 'pe

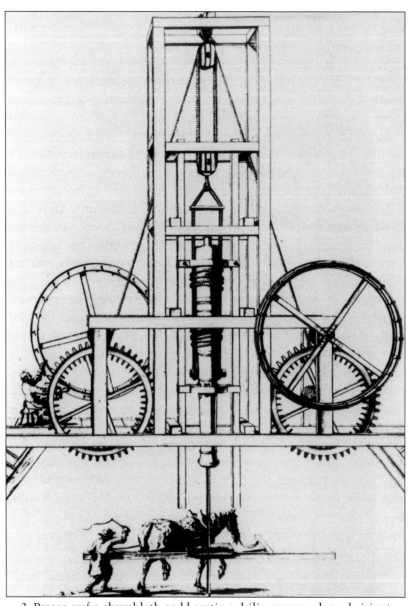

3 Proses araf a chymhleth oedd castio a drilio gynnau: dyma beiriant
turio fertigol yn dyddio o'r unfed ganrif ar bymtheg.

lladdwn [y carw] . . . ag ŵynt'. Mewn sawl copi llawysgrif o'r ail ganrif ar bymtheg, fodd bynnag, gwelir cyfnewid y ffurf 'ag ŵynt' [= 'â hwy', sef y milgi a'r bwa a saeth] am 'â gwn'. Canlyniad hynny, wrth gwrs, yw darlleniad cwbl anacronistaidd – hyd yn oed pe bai Rhys wedi gallu llusgo gwn o arfdy castell Caernarfon, dyweder, go brin y byddai unrhyw garw yn ddigon dof i aros yn amyneddgar iddo halio'r gwn i'r bryniau a chwblhau'r proses hirwyntog o'i baratoi ar gyfer tanio. Ond i gopïwyr llawysgrifau diweddarach yr oedd meddwl am uchelwr yn hela â gwn llaw yn gwbl naturiol. Perthynent, fel Wiliam Llŷn ym 1564, i oes pan oedd y gwn yn 'gosbwr adar' – ni allent werthfawrogi'r anacronistiaeth a oedd ynghlwm wrth yr hanes am uchelwr o Gymro yn hela â gynnau mawrion ar ddechrau'r bymthegfed ganrif.

Felly, beth oedd y syniadau cyffredin am ymddangosiad y gwn? Er bod nifer o esboniadau gwahanol i'w cael, y farn gyffredin erbyn yr unfed ganrif ar bymtheg oedd mai i ryw Almaenwr o ddechrau neu o ganol y bedwaredd ganrif ar ddeg y perthynai'r clod, neu'r anghlod, o ddyfeisio'r gwn. Nodweddiadol o'r gred hon yw esboniad yr hanesydd Tuduraidd enwog Polydore Vergil yn ei gyfrol *De Inventoribus Rerum* (1499):

[the first gun] was perceived by a certain Almain, whose name is not known, after this sort: it chanced that he had in a mortar powder of brimstone that he had heated for a medicine and covered it with a stone, and as he struck fire it fortuned a spark to fall in the powder. By and by there rose a great flame out of the mortar and lifted up the stone wherewith it was covered a great height. And after he had perceived that, he made a pipe of iron and tempered the powder, and so finished this deadly engine, and taught the Venetians the use of it when they warred against the Genoese, which was in the year of our lord MCCCLXXX.

Yn ôl Polydore Vergil, felly, Almaenwr a ddyfeisiodd y gwn ychydig cyn 1380 (sy'n rhy ddiweddar o ryw ddwy genhedlaeth o leiaf). Ond ceid gan rai awduron fanylion pellach. Rhoddwyd enw digon sinistr i'r Almaenwr dyfeisgar, sef Berthold Schwarz (Berthold Ddu), a daethpwyd i gredu mai mynach neu aelod o un o urddau'r brodyr ydoedd. Yn naturiol, yr oedd y gred honno yn arbennig o boblogaidd yn y gwledydd Protestannaidd, lle y credid ei fod wedi cydweithredu â chythreuliaid i ddarganfod effaith y powdwr du. Hyd yn oed yn yr Eidal, dywedodd Vanuccio Biringuccio yn y traethawd manwl cyntaf ar sut i gynhyrchu a defnyddio gwn ym 1540, 'a great and incomparable speculation is whether the discovery of compounding the powder used for guns came to its first inventor from the demons or by chance'. Gwyddai'r Cymry am hyn oll hefyd. Yng ngeiriau Wiliam Llŷn ym 1564: 'Y ffrir gynt ai ffriw ar gawdd / A di fassw ai dyfeissiawdd.' I wrthbwyso ochr ddieflig y gwn, rhoddwyd nawddsant i'r gynwyr, sef Barbara, ac fel y dywedodd Lewys Môn mewn cywydd mawl i Syr Rhys ap Thomas (milwr tra phrofiadol dan Harri VII a'i fab): 'Aeth y trwst a'th wayw trostynt: / er bwrw braw gwn Barbra gynt.'

Dyna felly awgrym o'r amwysedd a fodolai yn y berthynas rhwng y gwn a chrefydd. Gyda'r Diwygiad Protestannaidd yn mynd rhagddo, rhoddid y 'bai' am ddyfeisio'r gwn ar y Pabyddion, er nad oedd hynny'n ddigon i rwystro'r gwledydd Protestannaidd rhag ei ddefnyddio. Yn wir, yr oedd yn *rhaid* defnyddio'r gwn i amddiffyn y ffydd newydd rhag y Pabyddion. I'r Cymry, yn eglwyswyr ac yn lleygwyr fel ei gilydd, daeth y gwn i amlygrwydd arbennig yn sgil twf tensiynau crefyddol tua diwedd oes Elisabeth. Ar brydiau, golygai hynny i'r gwn ei gael ei hun mewn dwylo pur annisgwyl.

Cymerwn yn enghraifft un o Gymry amlycaf y cyfnod, sef William Morgan, cyfieithydd Beibl Cymraeg 1588. Gellid tybio mai brwydro'n ffigurol dros eneidiau ei braidd a wnâi

4 Darlun o faes y gad yn yr unfed ganrif ar bymtheg, yn dangos magnelwyr yn cefnogi'r milwyr traed.

yntau yn hytrach na brwydro'n llythrennol ag arf dieflig fel
y gwn. Ond oherwydd bygythiad y Sbaenwyr dan eu brenin
Philip II yn y 1580au, nid oedd modd i neb laesu dwylo wrth
drefnu i amddiffyn y deyrnas. Ac yntau'n ficer Llanrhaeadr-
ym-Mochnant, yr oedd hi'n ddyletswydd ar Morgan i drefnu
a hyfforddi carfan o filwyr rhag ymosodiad allanol. Aeth at
gymydog iddo, gŵr o'r enw Roger ap Huw a oedd wedi
ymladd yn erbyn y Sbaenwyr yn yr Iseldiroedd, i hyfforddi'r
milwyr. Ond dyma'r union adeg pan oedd Morgan yng
nghanol ffrae beryglus â chymydog arall iddo, Ifan
Maredudd o Loran Isaf. Yr oedd cynnen rhwng y ddeuddyn
am sawl rheswm, ac arweiniodd y ffrae yn y pen draw at
golli gwaed ac at achosion llys. Yn y rhain cawn gipolwg ar
berson pur wahanol i'r William Morgan duwiol wrthi'n
ddiwyd yn ei gell yn cyfieithu'r ysgrythurau sanctaidd.
Cyhuddai Ifan Maredudd ef o ddefnyddio'r gwŷr a hyfforddai
at ei ddibenion ei hun, sef i gynnal y ffrae ac i niweidio
buddiannau a chefnogwyr Ifan Maredudd. Dywedwyd bod
Morgan wedi cymryd rhai o'r arfau a brynwyd ganddo yn
rhinwedd ei swydd at ei ddibenion ei hun, ac mewn
gwirionedd byddai'n bur hawdd iddo wneud hefyd gan fod
cadw arfau, powdwr a gynnau mewn eglwysi yn arfer digon
cyffredin yn oes Elisabeth. Ond aeth Ifan Maredudd
ymhellach drwy gyhuddo Morgan ei hun o ymarfogi ac
ymarfer y grefft o saethu mewn modd cwbl annheilwng o'i
statws:

> And the said doctor Morgan . . . then used & yet useth
> to carry pistolls & daggs [*math o bistol trwm*] charged
> under his girdle & daily exercised & yet exerciseth
> himself in learninge to discharge them cunningly and
> for that he p[er]ceaved that div[er]s of yor Highnes
> sub[je]cts in those p[ar]ts were greatly offended to see a
> man of his p[ro]fession & calling to behave himself
> more like the leader of an army then a doctor in
> Divinity.

Y cyhuddiad, felly, oedd fod Morgan yn gwisgo gynnau llaw (a oedd erbyn hynny'n ddigon cyffredin) wedi eu cuddio ar ei gorff, a'i fod hefyd yn ymarfer saethu yn y dirgel rhag i'w blwyfolion ddod i wybod am ei weithredoedd amhriodol. Yn wir, ceir gan Ifan Maredudd ragor o fanylion annisgwyl:

> he then p[ro]vided and made for himself a great & large Mandilion [*gŵn a wisgid gan filwyr*] or capouche [*cwfl*] the w[hi]ch Mandillion he nowe dayly weareth & under the same carrieth the sayd pistolls & daggs charged and upon ev[er]y sundaye for the space of the s[ai]d three quarters of a yeare or thereabout he hath in tyme of divine service used & worne that mandilion w[i]thout gowne or surplice & he hath under the same capouche carried the sayd pistolls & daggs charged to ye great feare & terror of yor sub[je]ct . . .

Gwadodd Morgan nifer o'r cyhuddiadau, ond nid y cyfan – cyfaddefodd fod yn rhaid iddo fynd i'r eglwys wedi ei arfogi oherwydd bygythiadau difrifol a malais Ifan Maredudd a'i ddilynwyr. Y mae'n amlwg y bu raid i hyd yn oed glerigwyr amlwg ymgynnal drwy rym arfau ar brydiau yn ystod oes Elisabeth.

Er mor annisgwyl heddiw yw'r darlun uchod o William Morgan yn drwm gan arfau yn gweinyddu'r gwasanaeth sanctaidd, nid ef oedd yr unig glerigwr amlwg yn y cyfnod hwnnw i ymhél â gynnau. Yr oedd Edmwnd Prys (1543/4–1623), bardd y Salmau Cân, hefyd yn ymwneud â'r arf yn ôl tystiolaeth cywydd a ganodd i ofyn gwn gan Edward Llwyd o Lysfasi ger Rhuthun, eto oddeutu 1588, sef blwyddyn yr Armada. Ceir yma ganmoliaeth i'r noddwr a disgrifiad o'r gwn, ond hynodrwydd y gerdd yw'r modd yr aeth Prys ati i drafod y gwn yn nhermau ei ragoriaethau a'i wendidau moesol ac ymarferol. Yn gyntaf, trafodir ganddo un o agweddau cadarnhaol (a phur amserol) y gynnau, sef eu bod yn arfau teg i'w defnyddio 'rhag gelynion, blinion blaid'

(sef gelynion gwlad gyfiawn megis teyrnas Lloegr) a chan
hynny 'yn y wlad annwyl ydynt'. Gan arddel safbwynt y
goron Seisnig, dywed Prys mai 'gwn sydd, medd pob
llywydd llys, / gorau unarf i'r ynys'.

Ar yr un pryd, fodd bynnag, ceir ganddo werthfawrogiad o
ochr negyddol y gwn. Mewn cyffelybiaeth hynod sinistr,
cymherir ergyd y gwn â thician cloc, gan mai'r un sŵn a geir
gan y ddau: 'Marw, marw yw'r gair garw gerwin'. Nid yw
marwolaeth ddisymwth o ergyd gwn yn ddim gwahanol yn
y pen draw i'r farwolaeth anochel a ddynodir gan dreigl
amser a chaniadau'r cloc – syniad trawiadol o syml ond
effeithiol. At hynny, â Prys rhagddo i adleisio'r gŵyn a
glywyd gan Huw Cae Llwyd dros ganrif ynghynt:

> Er pan ddoeth, annoeth enau,
> Unig ar hwn ein gwarhau,
> Ni adodd arf niweidiol,
> Wroldeb i neb yn ôl.

Gan ei fod yn arf mor effeithiol, nid yw defnyddio gwn yn
gofyn am gymaint o wroldeb ar faes y gad. Dengys Prys
hefyd werthfawrogiad o ddatblygiadau hanesyddol ym maes
rhyfela, agwedd ar y pwnc a drafodid drwy Ewrop gyfan yn y
cyfnod hwnnw, gan grybwyll y mynach Berthold a'r modd y
bu iddo danseilio'r gwerthoedd milwrol a ymgorfforid gynt
mewn ffigurau megis Arthur, Samson a Siarlymaen:

> Nid yw rhyfel un helynt,
> Mal ar gyrff y milwyr gynt,
> Nid arfer yn y dyrfa,
> I berchi dyn â braich da;
> Egwan ddyn â gwain o ddur,
> A dyrr nerth a dwrn Arthur.
> Ni gwaeth (cór ffraeth) o ceir ffrawd,
> Na Samson, os âi ymsawd.
> Syr Bethold, a wnaeth fold fach,
> Siar'maen, ŵr sura' mynach,

Prin deucant mlynedd meddwn,
Piner[1] gwaed er pan yw'r gwn.

[1] 'piner', cas ysgrifbin

Buasai Arthur a Siarlymaen ers cenedlaethau yn feini prawf
i'r Cywyddwyr wrth ganmol milwriaeth eu noddwyr. Ond
awgrym cryf Prys yw fod y dyddiau hynny ar ben. Y mae'n
ddealledig ganddo fod barddoniaeth sy'n dibynnu ar y fath
ddelweddau yn ddiwerth os nad yn gelwyddog – disodlir yr
hen ganu mawl gan wirioneddau newydd. Er mai 'diwrol yw
dur o lath', ac er nad yw bwledi ond 'epil y fall', y mae
bodolaeth y ddau yn distrywio hen seiliau'r canu mawl.
Dyma, y mae'n debyg, yw ergyd cywydd Prys. Defnyddia'r
dadleuon parthed y gwn, dadleuon a fuasai'n mudlosgi yn
Lloegr ac ar y Cyfandir ers degawdau, a dyry ystyr newydd
iddynt drwy eu cymhwyso at y sefyllfa yng Nghymru.
Perthyn y gerdd hon, felly, i gyd-destun gweithiau eraill gan
Prys sy'n ymosod ar ddiffygion cyfundrefn farddol a
ymfodlonai ar ailbobi hen ystrydebau treuliedig.

Gwedd arall ar y gwn y sonia Edmwnd Prys amdani yn ei
gywydd yw'r 'fold fach', prawf o'i ymwybyddiaeth elfennol,
o leiaf, o'r proses o gynhyrchu gwn. Y mae'r cyfeiriad yn un
amserol gan mai i oes Prys a Morgan y priodolir
ymddangosiad y gweithfeydd Cymreig cyntaf i gynhyrchu
gynnau. O wledydd tramor, yr Iseldiroedd yn arbennig, y
deuai'r rhan fwyaf o'r gynnau a ddefnyddid yn Lloegr hyd at
amser Harri VIII, er bod rhai gynnau wedi eu cynhyrchu yn
Lloegr ers y bedwaredd ganrif ar ddeg. Sylweddolodd Harri
VIII, fodd bynnag, bwysigrwydd mawr cynhyrchu gynnau o
fewn ei deyrnas ef ei hun, ac aeth ati i sicrhau bod gynwyr
brodorol o safon ar gael iddo. Efallai mai'r cynhyrchwyr
gynnau pwysicaf a gafwyd yn ei oes ef oedd y teulu Owen a
ddaeth i amlygrwydd yn gyntaf yn ystod tridegau'r unfed
ganrif ar bymtheg. Penodwyd John a Robert Owen yn ynwyr

brenhinol ym 1546, ac er na wyddys beth yn union oedd tras y teulu hwn y mae posibilrwydd cryf eu bod yn gynnyrch y diaspora Cymreig a aeth i Lundain yn y cyfnod Tuduraidd cynnar. Yn sicr, gwnaethant hwy a'u disgynyddion fwy na neb i fagu arbenigedd ym myd castio gynnau yn Lloegr, a gadawsant seiliau cadarn i'r cynhyrchwyr a ddeuai ar eu holau. Ond yn ôl pob tebyg ni ddechreuwyd castio gynnau ar dir Cymru ei hun tan oes Elisabeth. Yr oedd glo, fforestydd a mwynau de Cymru yn ei gwneud, ar lawer cyfrif, yn fan delfrydol ar gyfer cynhyrchu gynnau, ac ymddengys mai gŵr o'r enw Edmund Robert o Aber-carn, sir Fynwy, oedd y diwydiannwr cyntaf i fanteisio ar hynny. Ym 1565 yr oedd eisoes wrthi'n ennill profiad a chyfalaf gwerthfawr drwy fod yn bartner i Syr Henry Sidney (ffigur tra dylanwadol yn y Dadeni Cymreig) yng ngweithfeydd haearn a dur teulu Sidney yn Robertsbridge Abbey, Surrey. Oddeutu 1575 symudodd i Aber-carn a dechrau castio gynnau ar ei liwt ei hun. Datgelir peth o'r gweithgarwch yno gan y ffaith i weinyddwyr ei ystad erlyn gŵr o'r enw Arnold Hoare o swydd Gaerloyw am gamfeddiannu 36 gwn haearn, *sakers*, *minions*, *falcons*, a *falconets* (gwahanol fathau o ynnau) gwerth £350, oll wedi eu castio yng ngweithfeydd Aber-carn. Yr oedd £350 yn swm tra sylweddol o arian, a dyma awgrym pur eglur o'r elw y gellid ei ennill, diolch i'r gwn, yng ngweithfeydd haearn a dur y de-ddwyrain.

Ychydig flynyddoedd yn ddiweddarach troes un arall o weithfeydd haearn y de-ddwyrain at gastio gynnau. Yr oedd Edmwnd Mathew o Radur, aelod o deulu tra chyfoethog a dylanwadol ym Morgannwg, yn berchen ar waith haearn ym Mhen-tyrch ger Caerdydd. Er mai cynhyrchu plât haearn a wneid yno'n wreiddiol, dechreuodd Mathew gastio gynnau mawrion ar gyfer arfogi llongau marchnadol, a'u gwerthu yn Llundain, Bryste a gweddill gorllewin Lloegr. Bu'n dra llwyddiannus, a chyfrannodd ei waith at yr enw da a enillodd ardal Caerdydd fel cynhyrchwr gynnau. Ym 1625, er enghraifft, cyflwynwyd deiseb gan farchnatwyr Bryste i'r Cyfrin Gyngor yn gofyn am awdurdodi cynhyrchu deugain gwn ac ordnans pellach yn flynyddol yng Nghaerdydd 'where the best ordnance is made'. Ond – fel y mae'r ugeinfed ganrif wedi profi'n ddigon eglur – creadures anodd iawn ei rheoli yw'r fasnach arfau. Lle bynnag y rheolir prynu a gwerthu unrhyw nwyddau yn gaeth, gellir tybio y bydd smyglo yn mynd rhagddo yn y dirgel. Yn wir, ceir tystiolaeth fod smyglo gynnau yn digwydd yn ne Cymru mor gynnar ag oes Harri VIII. Dan lywodraeth ei ferch Elisabeth ceisiwyd sicrhau unwaith eto na werthid gynnau dramor, ond llwyddodd sawl gwn o dde Cymru i fynd i ddwylo pwerau estron. Cyhuddwyd Mathew o allforio gynnau yn anghyfreithlon rhwng 1582 a 1600 (cyfnod yr Armada) – dengys un gorchymyn swyddogol fod grym y teulu yng Nghaerdydd yn golygu mai anodd iawn oedd ei rwystro yn ei ardal ef ei hun:

> That especial care be had to put downe Edmond Matthewes esquire for casting any ordnaunce at his ffurnace neere Cardiff in Wales because from that place very easilie they may be carried into Spayne; for five or six yeares past most that he has made has been stolen beyond seas, and as officers of that port are poor and dare not displease him, that place is very unfit for casting ordnaunce.

Yn oes Elisabeth gwyddom fod gynnau o Gaerdydd wedi cyrraedd Dansig, Amsterdam a Denmarc, ond gwledydd Protestannaidd oedd y rhain, ac nid oeddynt yn fygythiad i ddiogelwch Lloegr, fel ag yr oedd Sbaen. Cyfaddefodd Mathew ei fod wedi gwerthu gynnau i'r Iseldiroedd, ond gwadodd yn bendant iddo eu gwerthu i'r gwledydd Pabyddol.

Byddai'r Iseldiroedd wedi cynnig marchnad ffafriol iawn i Edmwnd Mathew, gan fod rhyfel ffyrnig yn digwydd yno rhwng Philip o Sbaen a'r gwrthryfelwyr brodorol, Protestannaidd gan mwyaf. Ar ochr y Protestaniaid, brwydrai llu o Gymry amlwg, nifer ohonynt yn wŷr o Forgannwg a Gwent a oedd, mae'n siŵr, yn gydnabod i Edmwnd Mathew ei hun. Efallai mai'r amlycaf o filwyr Cymreig yr Iseldiroedd oedd Syr Roger Williams o Ben-rhos, sir Fynwy. Buasai ei hen hendaid, Trahaearn ab Ieuan, yn un o gefnogwyr pennaf Wiliam Herbert yn ogystal ag yn noddwr i feirdd megis Dafydd ab Edmwnd, Guto'r Glyn a Lewys Glyn Cothi, ac yn berchen llyfrgell sylweddol o lawysgrifau Cymraeg. Yr oedd tad Syr Roger, Tomos ap Wiliam ap Watgyn, yn noddwr beirdd a fuasai'n filwr dan Harri VIII yng ngwarchae Bwlen (1544) ac mewn mannau eraill, fel y dengys canu Lewys Morgannwg iddo. Bu Syr Roger ei hun yn filwr amlwg yn yr Iseldiroedd, yn ymladd gyda'r Sbaenwyr ac yn eu herbyn, yn ogystal ag mewn gwledydd eraill. Daeth ei filwra â chryn enwogrwydd iddo ac y mae'n debyg fod Elisabeth ei hun yn bur hoff ohono. Ond yn ogystal â'i filwra ymarferol, troes Syr Roger ei law at ysgrifennu, gan gyfrannu at y fflyd o gyfrolau ar y grefft o ryfela a gyhoeddid yn yr unfed ganrif ar bymtheg a'r ganrif ddilynol. Dyma, felly, wedd newydd ar ymwneud y Cymry â'r gwn. Cyhoeddodd ei gyfrol gyntaf, *A Brief Discourse of War*, ym 1590, ac yn y flwyddyn ganlynol daeth *Newes from Sir Roger Williams* o'r wasg yn Llundain. Ei gyfrol olaf oedd *Actions of the Low Countries* a ymddangosodd ym 1618, wedi marw'r awdur. Er nad oedd yn y rheng flaenaf o lenorion ei ddydd, yr hyn sy'n arbennig am waith Syr Roger yw'r modd y daw ei brofiadau go iawn o fod yn filwr proffesiynol i'r wyneb yn gyson yn ei waith. Tueddiad rhai o'r cyfrolau ar ryfel yng nghyfnod y Dadeni oedd edrych yn ôl at syniadau'r Groegiaid a'r Rhufeiniaid wrth ysgrifennu am ryfel. Yr oedd cred gyffredin na ellid gwella ar y tactegau a ddyfeisiwyd gan fyddinoedd yr oes glasurol – yn wir, credai llawer mai'r Groegiaid neu'r Rhufeiniaid a ddyfeisiodd bowdwr gwn, hyd yn oed. Ond dengys gwaith Syr Roger Williams yn glir na ellid dibynnu ar dactegau'r oesoedd a fu, hyd yn oed y rhai y byddai ei dad wedi eu defnyddio yn oes Harri VIII:

> Let vs not erre in our auncient customes, although our famous Kings Henrie the fift, Edward the third, and King Henrie the eight, were the most worthiest warriors that our nation euer had: notwithstanding you may be assured, had they knowne the terrour of Muskets, Calivers and Pistols, they would have vsed the lesse Bowes, Speares and Bills; as the actions of these famous Kings shewes their Captaine to be the most expert.

Dadlau o blaid moderneiddio'r fyddin Seisnig a wnâi Syr Roger, felly, ac o fewn y fyddin fodern honno yr oedd am sicrhau bod barn capteiniaid fel ef ei hun yn derbyn ei llawn bwys. Er nad oedd yn fodlon dibynnu ar dystiolaeth y cyfnod clasurol, yr oedd ganddo ymwybyddiaeth ddofn o natur arloesol ei gyfnod ef ei hun. Dechreuodd ei yrfa yn yr Iseldiroedd ym 1572 yn un o gwmni y Cyrnol Thomas Morgan (Tomos ap Wiliam ap Siôn ap Morgan ap Siencyn, yn ôl y dull Cymreig) o Ben-carn, sir Fynwy – Syr Thomas Morgan yn ddiweddarach. Yr oedd yn bur awyddus i gyfraniad ei gyn-gapten a'i gyd-wladwr gael ei gofio:

> Colonell Morgan being arriued in England, with his regiment in good order, to the number of seaven hundred, who being mustered before her Maiestie neere to S. Iames, the Colonell and some foure hundred of his best men were sent into Ireland; which in truth were the first perfect Harguebushiers that were of our Nation, and the first troupes that taught our Nation to like the Musket.

I Thomas Morgan felly y rhoes Syr Roger Williams y clod o hyfforddi'r gwŷr arcwebws (math o wn a saethid o drybedd neu o rest fforchog) a'r gwŷr mwsged (a saethid o rest neu o'r ysgwydd). Clod i Gymru a geir yma, felly, er mai ystyr 'our Nation' i Syr Roger, wrth gwrs, oedd teyrnas Lloegr. Dengys ei waith, fodd bynnag, fod llu o Gymry yn ymladd gydag ef yn yr Iseldiroedd. Clywsom sôn am un ohonynt eisoes, sef y Roger ap Huw a hyfforddai filwyr ar ran William Morgan yn Llanrhaeadr-ym-Mochnant. Gellid hefyd grybwyll Wiliam Midleton a Morris Kyffin o blith y llenorion milwrol eu byd, ac un arall o'r rhain, yn ôl pob tebyg, oedd y Capten Walter Morgan. Ni wyddys fawr ddim am gefndir y dyn hwnnw, ond y mae ei enw a'r ffaith iddo, ar sawl achlysur, fod yng nghwmni capteiniaid Cymreig yn awgrymu'n gryf iawn mai Cymro ydoedd yntau. Fel Syr Roger Williams, yr oedd ganddo rywfaint o uchelgais llenyddol, a lluniodd gronicl byr yn seiliedig ar ymgyrchoedd y blynyddoedd 1572–4, gan roi sylw i nifer o'r brwydrau y cyfeiriodd Syr Roger yntau atynt. Hynodrwydd pennaf y gwaith yw'r darluniau cain a geir o nifer o'r brwydrau a'r gwarchaeau. Y mae'r rhain yn gymaint ag unrhyw ddisgrifiad rhyddiaith yn rhoi syniad byw iawn o'r modd y defnyddid y canon a'r mwsged ar faes y gad yn yr Iseldiroedd. Tybed nad y Capten Morgan yw'r arlunydd rhyfel o Gymro cyntaf erioed?

Yn ogystal â Phabyddion Sbaen, yr oedd y Gwyddelod hefyd yn destun pryder cyson i lywodraeth Elisabeth. Anfonid llu o Gymry i ymladd yno ar ddiwedd yr unfed ganrif ar bymtheg, rhai yn gapteiniaid ond mwy o lawer yn wŷr nad oedd ganddynt ddim awydd i fynd yno o gwbl. Âi canran lawer uwch o siroedd Cymru i ymladd yn Iwerddon nag a âi o Loegr oherwydd safle daearyddol y wlad – tebyg fod un o bob pedwar o'r milwyr a groesai Fôr Iwerddon yn Gymry. Yn sicr, lladdwyd nifer mawr iawn o Gymry ym muddugoliaeth fawr y Gwyddelod ym mrwydr y Rhyd Felen ym 1598. Yr oedd llawer o'r Cymry yn dlawd a heb offer digonol ganddynt, ac y mae'n amlwg fod rhai milwyr hyd yn

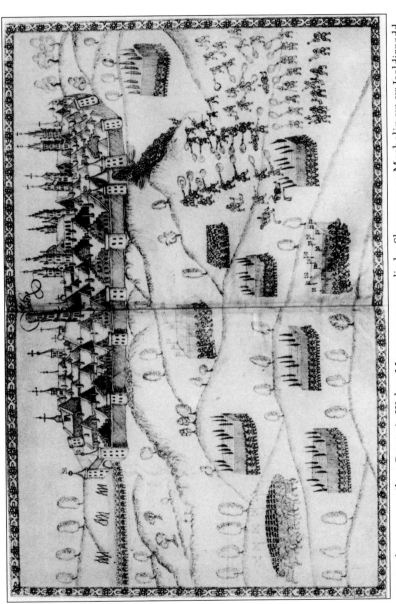

5 Darlun gan y milwr Cymreig Walter Morgan o ymosodiad y Sbaenwyr ar Mechelin yn yr Iseldiroedd, 1 Hydref 1572.

6 Darlun gan Walter Morgan o'r gyflafan yn Naarden yn yr Iseldiroedd, 30 Tachwedd 1572.

oed ar ddiwedd y ganrif yn gorfod wynebu mwsgedau'r Gwyddelod a'u cynghreiriaid y Sbaenwyr gyda bwa a saeth. Ym 1598 bu'n rhaid rhybuddio dirprwyon sir Gaernarfon yn benodol am un garfan o'i gwŷr a oedd i fynd 'against the Spanish (in Ireland) who use great store of muskets, [and so] their bows must be changed for muskets or other shot, and their brown bills for halberds'. Da o beth fod rhywrai yn gwrando ar gyngor Syr Roger Williams. Wrth gwrs, tra gwahanol oedd pethau i wŷr megis y bardd a'r uchelwr Tomos Prys o Blas Iolyn (c. 1564–1634), a froliai fod pistolau cyfaill iddo yn gallu gwneud lladdfa o'r Gwyddelod gyda'r lleiafswm o ymdrech: 'dyrnaist bum cant mewn diwrnod / ar frys rhwng dy fys a'th fawd'.

Bu farw Syr Roger Williams yn ei gartref yn Llundain ar 12 Rhagfyr 1595, a chynhaliwyd ei angladd yn eglwys gadeiriol Sain Paul ar 23 Rhagfyr. Cyd-ddigwyddiad rhyfedd oedd i'w hen gydymaith Syr Thomas Morgan farw ychydig oriau cyn yr angladd. Gadawsai Syr Roger gryn argraff ar ei gyfoeswyr yn Lloegr a thu hwnt. Dywedir i'r brenin Iago VI o'r Alban (Iago I o Loegr yn ddiweddarach) addo y byddai'n canu cân iddo, ac yn sicr fe'i coffawyd gan y bardd o dras Gymreig, John Davies o Henffordd. Y mae posibilrwydd cryf hefyd mai Syr Roger oedd yr ysbrydoliaeth y tu ôl i gymeriad Fluellen yn *Henry V* Shakespeare (1599). Ond beth am y Cymry eu hunain? A gafwyd ganddynt ymateb i'r ddau gapten hyn yn yr un modd ag yr ymatebwyd i Fathau Goch ganrif a hanner ynghynt? Un cywydd yn unig a gadwyd ar achlysur marwolaeth y ddau gapten ym 1595, ond nid cywydd marwnad yn yr ystyr draddodiadol mohono. Teitl y gerdd yn yr unig lawysgrif sydd wedi goroesi (LlGC Llsgr. Llanstephan 122) yw: 'Cyw: ymddiddan rhwng y Bardd a['/]r Ddraig Goch yn achwyn ar y Beirdd am ganv er arian i bob oerwas a gadael Sr Tom: Morgan a Sr Roger Williams heb farwnadav'. Dyma gerdd yn ysbryd cywydd enwog Siôn Tudur i'r beirdd, yn cwyno bod y prydyddion yn canu mawl i wŷr di-nod nad oeddynt yn haeddu clod o fath yn y byd. Ac wrth ganmol 'oerwas', yr oedd y beirdd yn pechu'n waeth drwy anwybyddu'r gwŷr a wir haeddai ganmoliaeth. Y mae'r bardd (Syr Wiliam Glyn efallai) yn dangos ei wybodaeth o ganu mawl y bymthegfed ganrif i arwyr y Rhyfel Can Mlynedd wrth resynu am safonau beirdd ei ddydd:

> [']Y glwysliw ddraig a glywsoch
> fath gwyn fv i Fathew Goch
> a mawl gynt fal mel a gwin
> Syr Risiart gaethwart Gethin[?']
> [']Ond er hyn[,] Merdhyn myrddawl[,]
> dav o[']m plant ni feddant fawl
> a haeddant foliant filwŷr
> a gwych weithredoedd i[']r gwyr[:]
> Syr Tomos oeswas assvr
> Morgan a[']i darian a[']r dvr[,]
> Syr Rosier hyder hoywdeg
> Wiliam[,] nod iawn Almayn deg[,]
> ni fv'r vn glew fry i[']n gwlad[,]
> ni fernir i[']r rhain farwnad[.]
> Ag er hyn e['] a gair rhai
> o[']r prifeirdd[,] dafeirdd difai[,]
> a ganant a gwarant gwan
> i[']r oerwas a roe arian
> a chanv i[']r corr[,] sorr siarad[,]
> o fardd an=noeth ei farw nâd . . .

Dyma fardd a wyddai am yrfa Syr Roger ac a wyddai hefyd fod y beirdd Cymraeg wedi canmol gwŷr fel Syr Rhisiart Gethin a Syr Mathau Goch a fuasai, fel Syr Roger ei hun, yn enwog fel milwyr dramor er nad oeddynt yn amlwg o ddydd i ddydd yn eu gwlad eu hunain. Nid oedd y capteiniaid hyn wedi dal dychymyg y beirdd, er iddynt ddal dychymyg cylchoedd diwylliedig yn Llundain.

Beth felly, erbyn diwedd oes Elisabeth, oedd effaith y gwn ar y Cymry? Y gwir amdani yw fod eu hymwneud â'r gwn yn anochel yn rhan o'u hymwneud â'r gyfundrefn Seisnig, o fewn ynys Prydain a hefyd y tu hwnt. Gwelsom fod gwedd Gymreig amlwg i'r ymateb deallusol i'r gwn ac y mae hyn yn brawf fod gan y Cymry eu cyfraniad eu hunain i'r dadleuon ynglŷn â'r arf newydd. Ond a oedd i'r gwn bwysigrwydd gwleidyddol ac, os felly, beth ydoedd? Y mae nifer o haneswyr wedi dadlau bod i'r gwn ran allweddol yn natblygiad y genedl-wladwriaeth fodern. Gan fod cynhyrchu, cynnal a chadw nifer mawr o ynnau sylweddol ar ddiwedd yr Oesoedd Canol a dechrau'r cyfnod modern yn galw am adnoddau economaidd sylweddol, yr oedd datblygu'r gwn yn ffafrio'r grymoedd mawrion canolog: nid oedd llawer o obaith bellach i sefydlu Cymru annibynnol drwy rym arfau. A oes diben gofyn, felly, i bobl Cymru heddiw y cwestiwn a ofynnwyd yn ddiweddar mewn cyfrol boblogaidd ar y gwn gan Ian Hogg: 'What language do you speak? If the gun had not been invented would you still be speaking the same language?' Y mae'n debyg nad oes. Nid ym mhobman y ffafriai'r gwn y pwerau mawrion ac, yn bwysicach na hynny, rhaid cofio mai un wedd ar dechnoleg yn unig oedd y gwn. Y mae haneswyr heddiw yn llawer llai parod na'u rhagflaenwyr i honni i'r gwn achosi chwyldro ym mherthynas gwledydd â'i gilydd, heb sôn am y pwynt cyffredinol na all unrhyw dechnoleg ynddi ei hun lywio hanes. Yr hyn sy'n bwysig yw sut y mae'n cael ei defnyddio. Yn achos haenau uchaf cymdeithas Cymru, yr oedd newidiadau milwrol yn gwbl greiddiol i'w perthynas â theyrnas Lloegr, ac yr oedd nifer ohonynt yn fwy na pharod i ymateb i'r sefyllfa newydd. I rai, golygai hynny fod mwy a mwy o'u haddysg a'u gyrfa i'w treulio yn Lloegr neu dramor. Gan hynny, efallai nad yw'n syndod fod cyn lleied o alar wedi ei fynegi'n gyhoeddus dros Syr Roger Williams gartref yng Nghymru.

Fodd bynnag, drwy'r cyfnod dan sylw rhaid cofio mai lleiafrif oedd y Cymry a oedd yn ymwneud â'r gwn. Mynd i faes y gad gyda chleddyf neu bicell, bwyell neu waywffon a wnâi'r rhan fwyaf o Gymry'r bymthegfed ganrif a'r unfed ganrif ar bymtheg. Hyd yn oed yn ystod y rhyfeloedd cartref, gellid, mewn cerddi difrïol megis *The Welshman's Public Recantation* (1642), wawdio'r cannoedd o Gymry a laddwyd mewn brwydrau fel Edgehill nad oedd ganddynt ond picellau a phladuriau i'w hamddiffyn. Hyd at ddiwedd oes Elisabeth yr oedd y milwr cyffredin o Gymro yn llawer tebycach o gael ei saethu gan wn nag o saethu rhywun arall.

DARLLEN PELLACH

Kelly DeVries, 'Gunpowder Weaponry and the Rise of the Early Modern State', *War in History*, V (1998).

Ifan ab Owen Edwards, 'William Morgan's Quarrel with his Parishioners at Llanrhaeadr ym Mochnant', *Bwletin y Bwrdd Gwybodau Celtaidd*, III (1926-7).

Dylan Foster Evans, '"Y Carl a'i Trawai o'r Cudd": Ergyd y Gwn ar y Cywyddwyr', *Dwned*, 4 (1998).

John X. Evans (gol.), *The Works of Sir Roger Williams* (Rhydychen, 1972).

Ian V. Hogg, *The Story of the Gun* (Llundain, 1996).

A. N. Kennard, *Gunfounding and Gunfounders: A Directory of Cannon Founders from Earliest Times to 1850* (Llundain, 1986).

J. J. N. McGurk, 'A Survey of the Demand Made upon the Welsh Shires to Supply Soldiers for the Irish War 1594-1602', *Trafodion Anrhydeddus Gymdeithas y Cymmrodorion* (1983).

Walter Morgan, *The Expedition in Holland, 1572-1574*, gol. Duncan Caldecott-Baird (Llundain, 1976).

Geoffrey Parker, *The Military Revolution: Military Innovation and the Rise of the West, 1500-1800* (Caer-grawnt, 1988).

D. H. Thomas, *The Herberts of Raglan and the Battle of Edgecote* (Enfield, 1994).

CARTREFI A CHELFI Y BONEDD YN SIROEDD DINBYCH A'R FFLINT, 1540–1640

Sioned Non Williams

Pwrs y gwan, ni ŵyr pris gwal.

Siôn Tudur

Cyfeirir yn aml at y ganrif rhwng 1540 a 1640 fel 'Oes Aur' y bonedd yng Nghymru. Ar ddechrau'r cyfnod dan sylw cyflwynwyd y drefn Duduraidd newydd ar ffurf y Diwygiad Protestannaidd a'r deddfau a unodd Cymru a Lloegr rhwng 1536 a 1543, gan esgor ar gyfres o ddatblygiadau cymdeithasol, economaidd a chrefyddol a fyddai'n galluogi teuluoedd bonheddig Cymru i ehangu eu hystadau a'u buddiannau materol. Ymhlith y newidiadau a gyflwynwyd yn sgil yr ad-drefnu hwn yr oedd diddymu'r mynachlogydd ym 1536, gweithred a drosglwyddodd diroedd eglwysig i ddwylo'r bonedd cyfoethocaf, yn ogystal â chynnig cyfleoedd newydd i'r bonedd is eu statws a'u galluogi i gyd-gystadlu am diroedd ac i ehangu eu hystadau hwythau. Llwyddodd y teuluoedd bonheddig i gynyddu eu hincwm yn sylweddol o ganlyniad i'r gweithgarwch newydd yn y farchnad dir, ond daethai yn fwyfwy amlwg fod modd i unigolion elwa yn gymdeithasol yn ogystal. Yn ystod yr unfed ganrif ar bymtheg a'r ganrif ddilynol daethpwyd i gyplysu perchenogaeth tir â statws ac awdurdod cymdeithasol, ac anrhydeddwyd nifer cynyddol o'r bonedd â chyfrifoldebau a breintiau gweinyddol a gwleidyddol newydd. Symbolau gweledol o'r cyfoeth, y breintiau a'r awdurdod newydd a ddaeth i ran y teuluoedd hyn oedd y plastai a godwyd neu a adnewyddwyd ganddynt i fod yn ganolbwynt i'w hystadau a'u bywyd uchelwrol. Yn ogystal â bod yn arwydd o'u cynnydd materol, cynrychiolai'r plastai newid byd ym meddylfryd deallusol eu perchenogion. Amlygwyd y newid hwn nid yn unig drwy gyfrwng pensaernïaeth ond hefyd ym mhenderfyniad y boneddigion i feithrin egwyddorion yr uchelwriaeth Duduraidd i'w llawnder diwylliannol.

Un o'r ardaloedd a fu'n dyst i'r cyfnewidiadau cymdeithasol ac economaidd pellgyrhaeddol hyn oedd gogledd-ddwyrain Cymru. Yn siroedd Dinbych a'r Fflint gwelwyd sawl teulu a gododd i'r brig rhwng 1540 a 1640 yn gwella eu safon byw drwy adeiladu cartref newydd neu drwy addasu'r tŷ yr oeddynt eisoes yn byw ynddo. O gofio cyfeiriadau teithwyr cyfoes megis John Leland a William Camden at ffrwythlondeb y tir yn y rhan hon o Gymru yn y cyfnod hwn, efallai nad yw'n syndod i gynifer o fonedd ymsefydlu yn Nyffryn Clwyd ac ar hyd afon Dyfrdwy. Heb os, bu lleoliad cyfleus canolfannau masnachol yr ardal, sef Rhuthun, Dinbych a Wrecsam, yn ogystal â Chaer ac Amwythig dros y ffin, yn atyniad pellach i deuluoedd bonheddig a oedd yn awyddus i droi cynnyrch eu hystadau yn arian parod neu i ddilyn gyrfa ym myd masnach. Dichon hefyd fod mwy o gyfnewid syniadau, ffasiynau a nwyddau rhwng siroedd ffiniol megis Dinbych a'r Fflint a threfi yn Lloegr.

Adlewyrchid cyfoeth y tir yn niwylliant materol y gogledd-ddwyrain ac ni cheir croywach tystiolaeth o ffyniant economaidd a chymdeithasol y rhanbarth nag ym mhensaernïaeth y tai a'r plastai sydd wedi goroesi o'r cyfnod rhwng 1540 a 1640. Yn ogystal â'r dystiolaeth weledol a saif yn gofgolofn i'r gweithgarwch adeiladu o fewn yr ardal, ceir tystiolaeth ddogfennol a rydd olwg fanylach ar yr hyn a symbylodd berchenogion tai bonedd i ymgymryd â chynlluniau uchelgeisiol o'r fath. O bori drwy bapurau'r ystadau a thrwy astudio ewyllysiau, rhestri eiddo a chyfrifon, gwelir bod nifer o unigolion o fewn y gymdeithas wedi gwario'n helaeth ar adeiladu, dodrefnu a gwella ansawdd eu tai. At hynny, daw'n amlwg fod gwariant o'r fath, er yn ddibynnol ar adnoddau materol yr unigolyn, yn gyffredin ar draws y rhengoedd bonheddig. Er nad oedd yr iwmyn a'r mân-fonedd mewn sefyllfa i wario i'r un graddau â'r cyfoethogion ar foethau, ni fu hyn yn rhwystr i nifer ohonynt. Wedi'r cyfan, y prif symbyliad dros wariant materol y cyfnod oedd yr ymdrech barhaus i efelychu gweithgaredd rhengoedd uwch y gymdeithas.

Ar ddiwedd yr unfed ganrif ar bymtheg trigai mwyafrif y teuluoedd bonedd mewn tai canoloesol neu dai neuadd, sef tai syml ac iddynt fframwaith pren. Ceid ynddynt un brif ystafell, sef y neuadd, a fyddai'n agored i'r to, gyda dwy ystafell fechan yn un pen iddi. Yng nghanol llawr y neuadd, yn ganolbwynt y tŷ, yr oedd tân agored a ddefnyddid i goginio, gwresogi a goleuo'r cartref. Oherwydd eu bod yn rhychwantu cyfnod eang yn hanes pensaernïaeth ddomestig nid yw'n syndod fod cryn amrywiaeth ym maint, cynllun a safon adeiladwaith y tai neuadd hyd yn oed o fewn yr un ardal. Cawsai'r mwyafrif eu llunio o amgylch fframwaith cyntefig o nenffyrch, ond defnyddiodd eraill drawstiau wedi eu cerfio'n gain yn fframwaith y toi. Diddorol yw nodi mai yng ngogledd-ddwyrain Cymru y ceir rhai o'r enghreifftiau gorau o saernïaeth addurniadol yn nhrawstiau a phaneli'r tai cynharaf, ffaith sy'n awgrymu bod eu perchenogion yn ymwybodol o ffasiynau pensaernïol y dydd ac yn barod i wario er mwyn harddu eu cartrefi syml.

Parhaodd y tŷ neuadd yn annedd cyffredin i fonedd gogledd-ddwyrain Cymru drwy gydol yr unfed ganrif ar bymtheg, ond erbyn degawdau olaf y ganrif daethai'n amlwg nad oedd y ffurf hon bellach yn ateb gofynion y dosbarth bonheddig newydd. I ateb y galw am fwy o breifatrwydd, moderneiddiwyd y tai neuadd i gynnwys llawr ychwanegol ac ystafelloedd caeedig drwy adeiladu simdde ac ail-leoli'r tân agored. Yn ôl tystiolaeth ewyllysiau a rhestri eiddo rhai teuluoedd bonheddig cafwyd datblygiadau o'r fath yn siroedd Dinbych a'r Fflint. Er enghraifft, cyfeirir yn ewyllys Ellen Mostyn, gweddw'r yswain Piers Mostyn o Dalacre, sir Y Fflint, at gynnwys y 'new loft' yn ei chartref, a nododd Jonet ferch Thomas Griffith o Lanelwy fod ganddi eitemau yn y 'newe chamber'.

Fodd bynnag, nid oedd rhai o fonedd cyfoethocaf yr ardal yn fodlon ar adnewyddu eu tai canoloesol yn unig, a rhwng cyfnod teyrnasiad Elisabeth hyd at y rhyfeloedd cartref aethant ati i adeiladu tai newydd ar eu hystadau. Adlewyrchai'r tai hyn ysbryd uchelgeisiol eu hadeiladwyr wrth iddynt ymdrechu i ddilyn ffasiynau newydd y Dadeni drwy godi plastai lloriog ar ffurf cynllun-L neu gynllun-H. Enghraifft o dŷ o'r math hwn oedd Downing, ger Treffynnon, cartref y naturiaethwr Thomas Pennant. Adeiladwyd y tŷ ym 1627 gan ei or-hendaid, John Pennant, ar achlysur ei briodas, a disgrifiwyd yr adeilad gan Thomas fel a ganlyn: 'The house is in the form of a Roman H, a mode of architecture very common in Wales at that period.' Tŷ arall a adeiladwyd ar ffurf-H oedd Faenol-fawr, Bodelwyddan, a godwyd ym 1597 gan John Lloyd, un o feibion teulu Wigfair a gŵr a fu'n Gofrestrydd Llanelwy yng nghyfnod Elisabeth. Cynllun tebyg a oedd i Bentrehobyn, ger Yr Wyddgrug, plasty y gellid ei ddyddio i tua 1640, pan adeiladwyd ef ar gyfer Edward a Margaret Lloyd. Y mae'n bosibl mai bwriad gwreiddiol perchennog plasty Foxhall Newydd, Henllan, sir Ddinbych, ym 1608 oedd adeiladu tŷ sylweddol yn cynnwys tri llawr a dwy adain. Ymddengys, fodd bynnag, fod cynlluniau John Panton, Cofrestrydd Dinbych, yn rhy uchelgeisiol, ac o ganlyniad dim ond un adain a gwblhawyd. Er bod dyheadau uchelgeisiol y perchenogion i arddangos eu safle dyrchafedig newydd o fewn y gymdeithas yn cael eu hadlewyrchu yn y tai newydd hyn, dengys y ffaith eu bod yn glynu wrth gynlluniau a defnyddiau traddodiadol fod eu gwreiddiau yn parhau yn ddwfn yn eu cynefin ac nad oeddynt yn rhy gaeth i ddylanwad ffasiynau newydd yr oes.

Elfen ganolog yn y ffasiynau newydd hynny oedd meddylfryd y Dadeni, meddylfryd a ddylanwadodd yn drwm ar sawl agwedd ar ddiwylliant Cymru a Lloegr, gan gynnwys pensaernïaeth, yn ystod yr unfed ganrif ar bymtheg a'r ganrif ddilynol. Gwelwyd ôl y Dadeni ar nifer o wahanol elfennau yn adeiladau newydd y cyfnod; er enghraifft, rhoddwyd sylw arbennig i ymddangosiad allanol o ran cymesuredd ac addurn cymhleth yn ogystal â chyflwyno trefn ganolig i gynllun mewnol y tŷ drwy greu ystafelloedd annibynnol a phreifat. Ynghlwm wrth y meddylfryd clasurol ymgorfforodd y bensaernïaeth hon elfennau canoloesol Prydeinig yn ogystal â dylanwadau eraill, megis yr arddull ddarddullaidd, a wreiddiodd yng ngwledydd yr Iseldiroedd. Treiddiodd y syniadau hyn i Gymru ac i ardal y gogledd-ddwyrain nid yn unig o Loegr a'r Llys Brenhinol ond yn uniongyrchol o'r Cyfandir wrth i nifer cynyddol o'r bonedd deithio y tu hwnt i'w milltir sgwâr, gan ddychwelyd i'w cynefin yn drwm dan ddylanwad y ffasiynau diweddaraf.

Perchennog dau o'r plastai mwyaf ysblennydd yn y gogledd-ddwyrain oedd Syr Richard Clwch o Ddinbych, gŵr a gafodd yrfa lwyddiannus fel asiant i Syr Thomas Gresham yn Antwerp – porthladd hynod bwysig a oedd yn ddolen fasnachol rhwng Prydain ac Ewrop yn y cyfnod hwnnw. Oherwydd ei gysylltiadau ag Antwerp nid yw'n syndod fod Richard Clwch wedi dychwelyd i'w ardal enedigol yn llawn brwdfrydedd ynglŷn ag adeiladu plasty ar batrwm pensaernïaeth Fflandrys. Yr oedd athrawiaeth y bensaernïaeth Fflemaidd yn cyd-fynd ag ysbryd y Dadeni yn y modd y pwysleisiwyd yr elfen esthetig, gan ddefnyddio addurn yn ei ffurf eithafol i gyflawni'r nod. Dyma'r union syniadau a adlewyrchwyd yn y plastai a gynlluniodd Richard Clwch, sef Plas Clwch a Bachegraig, Tremeirchion, a godwyd tua 1567–9. Y mae'n bur debygol mai yn ystod y flwyddyn 1566, pan oedd Richard Clwch yn Antwerp, yr aethpwyd ati i gwblhau cynlluniau'r ddau dŷ. Ni ellir ond dychmygu bod Bachegraig, y tŷ chwe llawr a adeiladodd Richard Clwch ar gyfer ei wraig, Catrin o Ferain, wedi gwneud cryn argraff ar gymdeithas leol Dyffryn Clwyd a'r cyffiniau. Nid yw'n gyd-ddigwyddiad ychwaith fod rhai o nodweddion pensaernïol Bachegraig i'w gweld ar nifer o dai eraill a adeiladwyd yn yr ardal yn ystod y blynyddoedd dilynol. Un o'r nodweddion hynny oedd y talcenni grisiog a ddefnyddiwyd i addurno Plas Clwch ac a oedd yn gyffredin ym mhlastai'r Iseldiroedd yn y cyfnod. Y mae'n ddiddorol nodi bod mwy o

enghreifftiau o dai â thalcenni grisiog yn siroedd Dinbych
a'r Fflint nag yn unman arall yng Nghymru: codwyd o leiaf
bump o'r rhain cyn diwedd yr unfed ganrif ar bymtheg, sef
Faenol-fach (1571), Faenol-fawr (1597), Golden Grove (1578),
Mertyn Abbot (1573), a Phenisa'r Glascoed (1570). Dengys
yr enghreifftiau hyn sut y llwyddodd y ffasiynau pensaernïol
diweddaraf i ddylanwadu ar chwaeth teuluoedd bonedd
eraill yn y cylch wrth iddynt geisio efelychu eu cyfoeswyr
yn gwbl agored.

Yn yr un modd, y mae'n bur debygol mai'r porthdy a
godwyd ym Machegraig tua'r cyfnod 1567–70 a efelychwyd
gan rai o deuluoedd bonedd eraill gogledd Cymru. Erbyn
cyfnod Elisabeth yr oedd y porthdy, yn hytrach na bod yn
amddiffynfa, yn arwydd o statws a chyfoeth y perchennog ac
yn ymgorfforiad o egwyddorion pensaernïaeth y Dadeni.
Adeiladodd William Mostyn y 'Porth Mawr' ym Mostyn ym
1570 fel mynedfa drawiadol ar gyfer ei blasty. Yn
ddiweddarach, ym 1576, codwyd porthdy gan Syr Richard
Trefor, Trefalun, ac adeiladodd Thomas Prys Wynn o'r Giler,
ger Pentrefoelas, ei borthdy yntau ym 1623, flwyddyn cyn
iddo gael ei ddyrchafu'n siryf sir Ddinbych. Lledodd y
ffasiwn i rannau gorllewinol gogledd Cymru; ym mhlasty
ysblennydd Robert Wynn ym Mhlas Mawr, Conwy, er
enghraifft, llwyddwyd i ymgorffori talcenni grisiog a
phorthdy o fewn un adeilad.

Yr oedd Plas Teg, a adeiladwyd gan Syr John Trefor ym
1610, yn blasty uchelgeisiol arall a godwyd gan fonheddwr
llwyddiannus. Adlewyrchai'r plasty hwn eto chwaeth gŵr
bonheddig a oedd wedi ennill statws ac incwm sylweddol
drwy wasanaethu yn llysoedd brenhinol Elisabeth ac Iago. O
ran ei gynllun a'i ymddangosiad ymdebygai i rai o blastai
gwŷr y Llys yn Lloegr, a gynlluniwyd gan y pensaer Robert
Smythson, ond nid oes tystiolaeth bendant mai ef oedd
pensaer Plas Teg. Ni wyddys ychwaith faint oedd costau
adeiladu Plas Teg, ond credir bellach nad oedd tŷ a

7 Plas Teg, Yr Hob, a adeiladwyd gan Syr John Trefor ym 1610.

gynlluniwyd yn y dull hwn mor ddrud ag y tybiwyd.
Llwyddwyd i godi tŷ trawiadol ar gyfer gŵr a oedd yn
awyddus i wneud argraff, a hynny heb gostau gormodol i'w
berchennog, Syr John Trefor, a ddibynnai'n bennaf ar incwm
o'r Goron yn hytrach nag o'i ystad. Ond er mor drawiadol ac
uchelgeisiol oedd y plastai hyn yn eu hymdrech i gyrraedd
amcanion y Dadeni, dylid cofio mai eithriadau oeddynt
mewn gwirionedd, ac na ddylanwadodd ffasiynau newydd y
Dadeni i'r fath raddau ar gynlluniau adeiladu y mwyafrif o'r
bonedd uwch.

Yn hytrach nag ymgorffori holl nodweddion dieithr y
bensaernïaeth newydd hon mewn un adeilad, byddai'r
mwyafrif yn eu cyflwyno yn raddol – ffactor, o bosibl, a
adlewyrchai ymlyniad y bonedd hyn wrth eu hardaloedd.
Dichon fod tebygrwydd ymddangosiadol nifer o'r plastai a
godwyd yn y gogledd-ddwyrain yn ystod y cyfnod hwn hefyd
yn awgrymu hyn. Ym 1576 adeiladwyd Trefalun ger
Wrecsam gan John Trefor, tad Syr John Trefor, Plas Teg, gŵr
a gafodd yrfa lewyrchus dan nawdd teulu Sackville. Yr oedd
cynllun Trefalun ar ffurf-E ac felly yn gwbl nodweddiadol o
bensaernïaeth cyfnod Elisabeth. Eto i gyd, oherwydd mai
Trefalun oedd un o'r enghreifftiau cyntaf o nifer o blastai
tebyg a godwyd yn yr ardal, fe'i cymharwyd â phlastai
Seisnig megis Moreton Corbet yn swydd Amwythig (1579),
cartref Robert Corbet, a ysbrydolwyd gan bensaernïaeth yr
Eidal wedi iddo ddychwelyd o'i deithiau yno. Fodd bynnag,
o gofio bod John Trefor yntau wedi teithio ar y Cyfandir ac
wedi dod dan ddylanwad teulu Sackville, nid yw'n
afresymol awgrymu mai creadigaeth o'i ben a'i bastwn ef ei
hun oedd Trefalun.

Drwy gymharu Trefalun â phlastai cyfagos, daw y
rhwydwaith o syniadau a nawdd a fodolai rhwng bonedd
gogledd-ddwyrain Cymru i'r amlwg. Er enghraifft, nid yw'n
syndod fod Trefalun a phlasty Rhual (1634) yn ymdebygu
i'w gilydd o gofio bod Evan Edwards, perchennog Rhual,

wedi gwasanaethu teulu Sackville o tua 1612 ymlaen. Eto, wrth astudio pensaernïaeth plasty Bryncunallt (1612), a godwyd gan Syr Edward Trefor, cefnder Syr John Trefor, Plas Teg, gwelir ar y naill law debygrwydd i ffurf gymesur Trefalun ac ar y llaw arall dalcenni addurnedig sy'n dwyn ar gof amlinelliad Plas Teg. Tybir bod plastai Gwysanau (1603), ger Yr Wyddgrug, a Llannerch, ger tref Dinbych, hefyd yn ymdebygu i'w gilydd, ffaith ddiddorol o gofio bod y ddwy ystad wedi eu huno yn ddiweddarach o ganlyniad i briodas. Yn ogystal â'r rhwydweithiau hyn, yr oedd cryn orgyffwrdd a chyd-gysylltu rhwng y crefftwyr a gyflogid gan y bonedd i weithio ar eu tai. Daw hyn i'r amlwg mewn cytundeb adeiladu a luniwyd gan y bonheddwr John Wynne, Neuadd Nercwys, pan aeth ati i godi ei blasty ger Yr Wyddgrug ym 1638. Yn ôl un cymal yn y cytundeb dymunai John Wynne i'r gwaith adeiladu gael ei gwblhau gan y crefftwyr yn ôl yr un patrwm ag a welsai ym mhlasty Evan Edwards yn Rhual:

> the said works being moulded in such sort, manner and fashion and in as good plight as the pile of buildings was lately built and wrought for Evan Edwards Esquire, and if anything prove to be deffective or amiss in the work of the said Mr. Edwards, that then the same be rectified and amended by the said Raffe Booth in his worke according to the direction of the said Evan Jones.

Yn ogystal ag adeiladu plastai o'r newydd, aethpwyd ati yr un mor ddyfal yn ystod y cyfnod hwn i foderneiddio rhai o'r hen blastai. Digwyddai hyn amlaf ymhlith y bonedd hynny a oedd yn ddisgynyddion i rai o hen deuluoedd yr ardal, teuluoedd a oedd eisoes wedi ymsefydlu yng nghyfnod adeiladu ystadau yn y bymthegfed ganrif ac ar ddechrau'r unfed ganrif ar bymtheg. Yr oedd mwyafrif y plastai gwreiddiol hynny yn enghreifftiau ysblennydd o'r tai neuadd cyntaf a oedd, yn eu dydd, yn deilwng o statws yr uchelwyr a drigai ynddynt. Eto i gyd, wrth i nifer cynyddol o'r hen deuluoedd ehangu eu hystadau a'u coffrau, gan ymestyn eu diddordebau i fyd masnach, dechreuasant addasu a gwella eu cartrefi er mwyn arddangos eu cyfoeth i'r eithaf. Ymhlith y teuluoedd hyn yr oedd Mostyniaid sir Y Fflint, un o brif deuluoedd gogledd-ddwyrain Cymru yn y cyfnod dan sylw. Credir bod rhyw ffurf ar adeilad wedi sefyll ar safle Mostyn ers dyddiau Ieuan Fychan (m.1455) o leiaf, ac efallai mai hwn oedd y tŵr a ddisgrifiwyd gan Thomas Pennant ac a ddarluniwyd gan Thomas Dineley ym 1684. Yn ystod cyfnod Syr William Mostyn (m.1576) yr

8 Darlun gan Thomas Dineley o Neuadd Mostyn, cartref Syr Roger Mostyn, ym 1684.

ymgymerwyd â'r gwaith adeiladu cyntaf, sef ym 1570, pan godwyd y Porth Mawr, cynllun a oedd, fe ymddengys, i gynnwys dwy adain arall er mwyn creu cwrt, ond ni chwblhawyd y gwaith. Am ba reswm bynnag, ni ddangosodd etifedd William, sef Syr Thomas Mostyn (c.1535–1617) unrhyw awydd i wireddu amcanion ei dad, ac yn hytrach nag ychwanegu at ysblander a moethusrwydd y plasty canolbwyntiodd ar godi'r adeiladau fferm a oedd yn angenrheidiol i weinyddu ystad lwyddiannus o faint Mostyn. Dim ond yn ystod hanner cyntaf yr ail ganrif ar bymtheg, yn nyddiau'r tirfeddiannwr Syr Roger Mostyn (1559–1642), yr aethpwyd ati i wario o ddifrif ar weddnewid y plasty drwy ychwanegu adain newydd a oedd gymaint â thŷ sylweddol. Ceir disgrifiad o'r adain hon gan Thomas Pennant:

> In the year 1631, Sir Roger Mostyn, Knight, gave to the house a very handsome addition; a square mass, consisting of six bedchambers, a very large eating-room, and a dining-room or drawing-room above, with a large bow-window in the middle of each . . . If I may compare small things with great, my house at Bychton was rebuilt and my house at Merton Uchlan was also rebuilt in the same year; so it seems to have been an improving age.

Hyd yn oed yn ardaloedd mwyaf gerwin gorllewin sir Ddinbych amlygwyd yr un gweithgarwch o wella cyflwr ac ymddangosiad plastai drwy ailadeiladu. Cafwyd enghraifft dda o'r math hwn o weithgarwch adeiladu ym Mhlas Iolyn, ger Pentrefoelas. Yr oedd y tŷ gwreiddiol wedi sefyll yno ers dyddiau Syr Robert ap Rhys yn hanner cyntaf yr unfed ganrif ar bymtheg, ond erbyn 1572 yr oedd ei fab, Dr Elis Prys, 'Y Doctor Coch', wedi adnewyddu'r tŷ i ddathlu ei ethol yn siryf sir Ddinbych yn y flwyddyn honno. Canodd y bardd Siôn Tudur glodydd Plas Iolyn ar ei newydd wedd:

Adnewyddaist neuaddau
Ac adeilad y tad tau . . .
A'r ffenestr a orffennir
Yn y plas, ail Naples hir.
Ystryd Fenis, drud fanaur,
Ys da lys wen ystlys aur.
Ystafell megis Dyfed,
Ystaer croes i westwyr cred.

Dengys gwaith beirdd eraill o'r un cyfnod fod adeiladu ac ychwanegu at blastai yn weithgarwch cymharol gyffredin ymhlith y bonedd uwch. Er enghraifft, canodd Simwnt Fychan i'r parlwr newydd a godwyd ym Mhlas-y-ward gan Simon Thelwall tua 1580, adeg ei drydedd briodas â Margaret, merch Syr William Griffith o'r Penrhyn. Yn wir, cydnabu'r bardd mai Margaret oedd y dylanwad pennaf ac mai hi a symbylodd y newidiadau hyn:

diwarth aelwyd ir thelwals
diav yw phyrth nad a ffals
vrddassol grassol groessi
y tec adnewyddwyd hi
adnewyddiad anneiddil
i barhau tra vo byw'r hil.

Yn ogystal â'r dystiolaeth farddol sy'n canmol noddwyr mor fynych am eu campweithiau adeiladu, ceir sawl cyfeiriad ymhlith papurau rhai o'r ystadau mwyaf sy'n tystio bod y bonedd uwch yn awyddus i wario ar adnewyddu eu plastai. Pan brynwyd Castell Y Waun gan y masnachwr Syr Thomas Myddelton ym 1595 am £5,000 aethpwyd ati o ddifrif i weddnewid yr hen adeilad a'i wneud yn fangre addas ar gyfer teulu mor ddylanwadol. Cyn hynny, ym 1563, wynebodd Robert Dudley, iarll Caerlŷr, gryn her pan gyflwynwyd y castell adfeiliedig iddo gan y Frenhines yn rhodd am ei wasanaeth i'r Goron. Er i Dudley adeiladu rhannau o'r ochr ddeheuol ym 1564, credir mai yn ystod perchenogaeth teulu

9 Syr Thomas
Myddelton (1550–1631),
Castell Y Waun.

Myddelton yr aethpwyd ati i godi rhai o'r ystafelloedd
pwysicaf yn erbyn mur gogleddol y castell ar ddechrau'r ail
ganrif ar bymtheg. Ar y llawr gwaelod cynhwysai neuadd
newydd, bwtri a chegin, ac ar y llawr cyntaf, ystafell fwyta
sylweddol gydag ystafell lai gerllaw y cyfeiriwyd ati fel
'draweinge roome' yn y 1650au. Gwyddys bod rhan o'r adain
hon wedi ei chwblhau cyn 1612 oherwydd, mewn rhestr
eiddo a luniwyd yn y flwyddyn honno, cyfeirir at 'the newe
dining roome' a 'the new kitchen' ymhlith yr ystafelloedd.
Mewn rhestr a luniwyd bron ugain mlynedd yn ddiweddarach
ym 1631, parheid i gyfeirio at yr ystafelloedd hyn fel 'newe
dininge roome' a 'newe kitchen', ond sonnid hefyd am
ystafelloedd ychwanegol, megis 'brewe house', 'chamber over
the brewhouse', 'chamber over the kitchen', 'chamber over
the buttery', a 'Constables Tower', tŵr a oedd yn cynnwys
tair ystafell arall.

Dengys rhestr eiddo plasty Bachymbyd, cartref is-gangen teulu Salsbri, Lleweni, a luniwyd ym 1601, wedi marwolaeth y marchog Robert Salusbury, fod cryn waith addasu wedi digwydd yno cyn y flwyddyn honno. Er nad oedd cyfoeth teulu Bachymbyd i'w gymharu ag adnoddau materol y gangen a drigai yn Lleweni, amcangyfrifir bod tiroedd yr ystad yn cynhyrchu incwm blynyddol o oddeutu £1,000 yn y cyfnod hwnnw. Y mae'n bur debygol, felly, y byddai Robert Salusbury wedi bod mewn sefyllfa i neilltuo rhan o'r incwm hwn ar gyfer creu estyniad i'r plasty. O astudio'r rhestr eiddo, daw i'r amlwg mai tŷ neuadd sylweddol oedd yr hen Fachymbyd a'i fod yn cynnwys neuadd, ystafelloedd gwasanaethu a siambrau. O ganlyniad i'r datblygiadau newydd neu'r 'New Buildings', ehangwyd y tŷ yn helaeth drwy ychwanegu parlwr newydd a siambr uwch ei ben, siambr fach, ynghyd â chegin a phantri arall. Ceir tystiolaeth o waith adeiladu cyffelyb yng nghartrefi Syr Peter Mutton a David Holland hefyd, sef Plas Llannerch (1637) a Phlas Cinmel (1616). Yn wir, yr oedd y 'New Building' y cyfeirir ato yn rhestr eiddo Llannerch yn cynnwys o leiaf bymtheg ystafell newydd wedi eu dodrefnu, sef neuadd, ystafell giniawa, parlwr, bwtri ac un siambr ar ddeg.

Cyn ymgymryd ag unrhyw waith adeiladu, byddai'n hanfodol i'r bonheddwr ystyried yn ofalus yr holl wariant a fyddai ynghlwm wrth y cynllun, gan gynnwys costau defnyddiau, cludiant a llafur. Deunydd crai'r gwaith adeiladu fyddai'r calchfaen a'r tywodfaen a oedd ar gael yng ngogledd-ddwyrain Cymru yn ystod y cyfnod, ond gan nad oedd mwyafrif yr adeiladwyr o fewn cyrraedd hwylus i chwareli bu'n rhaid gwneud defnydd llawn hefyd o'r hyn a oedd ar gael ar yr ystad. Yn aml iawn golygai hynny ailgylchu defnyddiau, a daeth yr arfer o ddefnyddio cerrig o hen adfeilion yn ddigon cyffredin yn ystod y cyfnod hwn. Yn wir, dyna oedd i gyfrif am gyflwr truenus Castell Rhuthun rhwng 1574 a 1624. Ceir tystiolaeth bellach o boblogrwydd yr arferiad hwn yn nifer yr achosion a ddygwyd gerbron llysoedd yr ardal pan gyhuddwyd pobl o ddwyn ac ysbeilio defnyddiau adeiladu ar gyfer eu hanheddau.

Eto i gyd, cafwyd datblygiadau arwyddocaol mewn defnyddiau adeiladu pan godwyd plasty Bachegraig gan Syr Richard Clwch ym 1567: hwn oedd y tŷ brics cyntaf i'w godi yng Nghymru. Er na ellir bod yn gwbl sicr o ble yn union y daeth y brics, deil rhai i Richard Clwch fewnforio'r defnyddiau o'r Iseldiroedd. Dyna a awgrymir gan Simwnt Fychan yn ei gywydd moliant i'r plasty wedi i'r gwaith gael ei gwblhau:

> Adeiladodd, cyfleodd lys,
> Adail wen a dâl ynys;
> Gwnâi fel Berwig neu Fwlen
> Gaer galch ym Machegraig wen.
> Main nadd fel y mynnodd fo,
> Main o Anwarp maen' yno.

Credai Thomas Pennant hefyd fod y defnyddiau hyn naill ai wedi eu mewnforio neu wedi eu gwneud gan grefftwyr tramor ar safle Bachegraig:

> The bricks are admirable, and appear to have been made either in *Holland*, or by *Dutchmen* upon the spot, for in certain pits near the house are still to be seen specimens of a similar sort.

Dichon fod y defnydd anghyffredin o frics ym Machegraig wedi profi'n bur gostus i Syr Richard Clwch, yn enwedig os bu raid eu mewnforio o'r Iseldiroedd. Heb os, byddai adeiladu tŷ o gerrig yn y cyfnod hwnnw wedi bod yn ddrutach nag adeiladu tŷ o bren. Amcangyfrifwyd y byddai tŷ pren o faint canolig wedi costio rhwng £18 a £24 i'w adeiladu ar ddiwedd yr unfed ganrif ar bymtheg tra byddai tŷ carreg o'r un maint wedi costio oddeutu £45.

10 Plas Bachegraig, a adeiladwyd gan Syr Richard Clwch, 1567. Dyfrlliw gan Moses Griffith, c.1781.

Wrth godi tŷ yn y cyfnod dan sylw byddai'n ofynnol cyflogi amryfal grefftwyr, gan gynnwys seiri meini a seiri coed yn ogystal â mân-lafurwyr a fyddai'n gallu troi eu llaw at bob math o orchwylion. Cyflogid nifer o seiri meini o wahanol allu a phrofiad ar gyfer prosiectau adeiladu ac, yn naturiol, effeithiai hynny ar natur eu cyfrifoldebau yn ogystal â'u cyflogau. Ni wyddys i sicrwydd faint o alw a geid am grefftwyr o'r fath yng ngogledd-ddwyrain Cymru yn ystod y cyfnod rhwng 1540 a 1640, ond gan mai ardal oedd hon a chanddi draddodiad adeiladu pren yn bennaf nid oedd crefftwyr cerrig mor niferus â seiri coed. Gellir bod yn weddol sicr fod crefftwyr y cyfnod yn gorfod teithio cryn bellter er mwyn cael gwaith, ac ni fyddai'n anghyffredin ychwaith i grefftwyr o'r siroedd cyfagos dros y ffin deithio i ardaloedd y gogledd-ddwyrain. Er enghraifft, a barnu yn ôl y dull y disgrifiwyd ef yng nghofrestri'r plwyf, y mae'n bur debygol fod y crefftwr Walter Hancock, a hanai o Much Wenlock, swydd Amwythig, wedi treulio cyfnodau yn gweithio yng ngogledd-ddwyrain Cymru:

> [he] was a very skilful man in the art of masonary, in settinge of plates for buildinges and performing the same, ingravinge in alabaster, in other stone or playster, and divers other giftes that belonge to that art as doth appear by his workes which may be seen in divers partes of England and Walles, most sumpteouse buildings, most stately homes, most curyous pictures.

Pan adeiladwyd Neuadd Nercwys ym 1637 cyflogodd John Wynne saer maen o Loegr, sef Raffe Booth 'of the Citie of Chester in the County of the Cittie of Chester ffree mason', i gyflawni'r prif waith adeiladu. Ni chyflogwyd 'pensaer' fel y cyfryw yn yr achos hwn ond paratowyd y cynlluniau a goruchwylio'r gwaith adeiladu gan y saer coed Evan Jones.

At ei gilydd, prin iawn yw'r cyfeiriadau at benseiri yn nogfennau'r cyfnod. Dim ond y plastai mwyaf ysblennydd ac uchelgeisiol eu gwedd, megis Bachegraig, Plas Clwch a Phlas Teg, a ddangosai olion penseiri proffesiynol, er na wyddys i sicrwydd pwy oedd y rheini. Yn hytrach, crefftwyr cyffredin a fyddai'n gyfrifol am gynllunio tai yn y rhan fwyaf o achosion. Yn ystod chwarter olaf yr unfed ganrif ar bymtheg tybir bod ysgol o seiri neu grefftwyr coed wedi bod yn gweithio mewn nifer o wahanol leoliadau yng ngogledd-ddwyrain Cymru, gan fod eu gwaith wedi goroesi hyd heddiw yn rhai o dai yr ardal, megis ym Mhenisa'r Glascoed a Faenol-fach, Bodelwyddan, ac ym Mhlas Newydd, Cefn Meiriadog, a Phlas Newydd, Llanfair Talhaearn – ffaith sy'n awgrymu unwaith yn rhagor fod cryn gysylltiadau nawdd rhwng teuluoedd bonheddig y parthau hynny.

O ystyried yr holl gostau a oedd ynghlwm wrth gynlluniau adeiladu yn ystod y cyfnod, boed y rheini'n gostau defnyddiau neu lafur, y mae'n syndod fod cynifer o'r bonedd wedi ymgymryd â phrosiectau o'r fath. Amcangyfrifir y byddai'n angenrheidiol i ffermwr cyffredin gynilo elw blynyddol ei gynnyrch amaethyddol dros gyfnod o bum mlynedd cyn y gallai fentro adeiladu tŷ newydd. Dichon felly mai yn ystod blynyddoedd o brisiau uchel, pan oedd modd gwneud elw sydyn ar gynnyrch, yr ymgymerodd y mwyafrif â chynlluniau adeiladu. Yn ystod y blynyddoedd llewyrchus hyn hefyd yr oedd mwy o arian parod yn cylchredeg ac yr oedd yn bosibl i'r bonedd fenthyca oddi wrth ei gilydd. Er na wyddys i sicrwydd faint o fenthyca arian a ddigwyddai ymhlith y teuluoedd bonheddig at bwrpas adnewyddu neu adeiladu tai, gellir tybio bod canran helaeth yn gwario y tu hwnt i'w hadnoddau yn yr ymdrech gyson i wella eu hamodau byw. Nodwyd eisoes mai'r dyhead i ddyrchafu eu safle a'u statws cymdeithasol, ynghyd â'r angen i efelychu eraill, oedd y prif symbyliad i'r cynlluniau hyn. Ond er cymaint yr uchelgais a'r brwdfrydedd ymhlith bonedd gogledd-ddwyrain Cymru, profodd sawl menter adeiladu yn ormod o faich ariannol i rai unigolion.

Er enghraifft, ni fu'r gwaith o adeiladu Bachegraig yn ddidramgwydd o bell ffordd. Ym 1568 nid oedd y porthdy na'r adeiladau allanol wedi eu cwblhau, ac awgrymir yn ewyllys Syr Richard Clwch y byddai'n rhaid ad-dalu dyledion cyn y gellid parhau â'r gwaith adeiladu:

> And for that my howse at Bach[egraig] was not fullye made at the writinge and makinge of this my will and Testamente Therefore I do give as I have longe before the writinge of this my laste will and Testamente all the money owinge to me in West Chester for goods and wares portable betwene me and Ffardinando Downs whiche do the amounte to betwene for an[d] five hundreth powndes . . . And for the rest of the money at Chester yet to be receyved to be towardes the makinge of the howses of Office and that to be donne in good order accordinge to the descretion of my wyfe and of my brother William.

Datgela'r codisil cyntaf i'r ewyllys, dyddiedig 15 Chwefror 1570, fod y gwaith yn dal heb ei orffen ond dywedwyd y byddai ei gwblhau yn cael blaenoriaeth ar dalu unrhyw gymynroddion:

> whereas the same howse of Bachegrigge as yet is unfinisshed and not fullye buylded all his debtes beinge payed yt shalbe fullye bwylte and accomplisshed before that any legacye be paied.

Er mwyn sicrhau llwyddiant mentrau adeiladu o'r fath, yr oedd yn ofynnol i fonheddwr gynilo swm sylweddol o arian. Nododd y bardd Siôn Tudur fod hyd at gant o seiri wedi eu cyflogi yn ystod y gwaith o adeiladu'r Faenol-fawr, tŷ tri-llawr John Lloyd, Cofrestrydd Llanelwy, ym Modelwyddan, ym 1597, a bod costau'r adeilad cyfan yn agos i £1,000. Nid yw'n syndod felly i John Lloyd fenthyca canpunt mewn arian parod oddi wrth Thomas Myddelton flwyddyn yn

11 Faenol-fawr, Bodelwyddan, 1597.

ddiweddarach. Mewn achosion eraill bu'n rhaid i fonheddwyr gefnu'n gyfan gwbl ar eu cynlluniau gwreiddiol am nad oedd ganddynt ddigon o arian i orffen y gwaith adeiladu. Methodd William Mostyn ddod â'r gwaith ym Mostyn i ben tua'r flwyddyn 1570, er na ellir bod yn sicr paham. Canodd Simwnt Fychan glodydd William am ddechrau ar y gwaith ac am osod y seiliau yno:

> Dechreuodd, growndwalodd dŷ,
> Dibrin dechreuad obry.

A mynegodd ei obaith y byddai ei etifedd yn cymryd yr awenau ac yn llwyddo i gyflawni amcanion ei dad:

> Aer Wiliam mewn aur eiliad
> A orffen fry dŷ ei dad.

Dichon mai prinder arian hefyd a achosodd i gynlluniau Syr John Trefor, Trefalun, fynd i'r gwellt pan adeiladwyd ei blasty ef ym 1567. Honnwyd mai bwriad Syr John oedd uno'r ddwy brif adain ag adain ddeulawr arall a fyddai wedi cynnwys neuadd fawr, grisiau ysblennydd, a siambr fawr uwchben, oll yn nodweddiadol o blasty yng nghyfnod Elisabeth. Methodd eraill hefyd, megis John Panton, Cofrestrydd Dinbych, pan derfynwyd y gwaith o adeiladu plasty tri-llawr ar gynllun-H yn Foxhall Newydd ym 1608. Ond mewn oes mor gystadleuol, pan oedd pwysau trwm ar unigolion i wneud argraff ar eu cymdogion bonheddig eraill ac i'w sefydlu eu hunain o fewn y gymdeithas, nid yw'n syndod yn y byd fod cynifer o gynlluniau adeiladu wedi methu. Yn y cyswllt hwn, y mae arwyddocâd pellach yn perthyn i eiriau doeth y bardd Siôn Tudur: 'Pwrs y gwan, ni ŵyr pris gwal.'

Law yn llaw â'r gweithgarwch adeiladu a oedd mor amlwg yn ystod y cyfnod hwn gwnaethpwyd cryn ymdrech i sicrhau bod ymddangosiad mewnol y tai hefyd yn adlewyrchiad teg o statws eu perchenogion. I'r perwyl hwn, aeth bonedd o bob gradd ati i addurno eu cartrefi mewn gwahanol ddulliau er mwyn creu awyrgylch moethus ac ysblennydd, boed hynny drwy gerfio'r trawstiau coed yn y to, gosod arfbeisiau teuluol uwchben yr aelwyd, neu orchuddio'r muriau â phaneli pren a thapestrïau. Ceir cyfeiriadau mynych yn rhestri eiddo'r bonedd at ystafelloedd wenscot, sef paneli o bren. Er enghraifft, ym mhlasty'r Salsbrïaid ym Machymbyd cyfeiriwyd at 'The said parlour wainscoted . . . The upper end and th'one side of the hall wainscoted a yard and a half high', a disgrifiwyd y parlwr bach, y parlwr newydd a'r siambr uwchben y parlwr fel 'very fair wainscoted'. I gyferbynnu â'r pren tywyll ar y muriau gwneid defnydd cynyddol o blastr gwyn i orchuddio'r nenfwd. Cyflwynwyd y crefftwaith hwn i Loegr am y tro cyntaf yn nyddiau teyrnasiad Harri VIII gan grefftwyr Eidalaidd a oedd yn gweithio ar balas Nonsuch yn Surrey. Serch hynny, ni fabwysiadwyd yr arfer yng Nghymru hyd yr ail ganrif ar bymtheg, a hynny yn y plastai mwyaf ysblennydd yn unig. Gan amlaf defnyddid plastr wedi ei wneud o galch, tywod a mwng ceffyl, a dim ond y cyfoethocaf a fyddai'n defnyddio plastr *stucco* wedi ei wneud o lwch marmor. Er mwyn creu effeithiau trawiadol, eid ati i fowldio pob math o batrymau addurnedig yn y plastr, gan ddefnyddio llyfrau patrymau o'r Iseldiroedd. Arfer cyffredin arall oedd ymgorffori'r arfbais deuluol mewn plastr uwchben y lle tân. Wrth i'r crefftwaith ddatblygu deuai awydd hefyd i fod yn fwy uchelgeisiol drwy ddefnyddio ffigurau ac alegorïau, fel yn achos y nenfwd plastr trawiadol dyddiedig tua 1650 ym Mhlas Emral, sir Y Fflint, a oedd yn darlunio gorchwylion Ercwlff. Yng Nghastell Y Waun hefyd neilltuwyd o leiaf £6 16s 6c ym 1621 i ddarparu defnyddiau ar gyfer y gwaith plastro yn y gegin a'r ystafell ginio newydd.

Yn ogystal ag arddurno'r muriau a'r nenfwd, bu cynnydd yn yr amrywiaeth o gelfi a brynid ar gyfer dodrefnu cartrefi ar eu newydd wedd. Ar yr olwg gyntaf ychydig o foethusrwydd a berthynai i dai mwyafrif y gymdeithas fonheddig, ac yn sicr yn achos tai amaethwyr megis iwmyn a hwsmoniaid. Yn hanner cyntaf yr unfed ganrif ar bymtheg gellid honni mai digon sylfaenol a chyntefig oedd y dodrefn, a rhoddid y brif ystyriaeth i ddeunydd ymarferol celficyn yn hytrach nag i'w ymddangosiad. Ond wrth i'r ganrif fynd rhagddi ac i'r angen am ragor o ystafelloedd preifat mewn tai ddwysáu, cynyddai hefyd yr angen am ddodrefn i'w llenwi.

Ymhlith y dodrefn a restrid fynychaf gan fonedd o wahanol adnoddau materol oedd dodrefn storio megis cistiau a chypyrddau. Yng nghartrefi mân-fonedd y gogledd-ddwyrain defnyddid cistiau i storio pob math o drugareddau a chan eu bod yn rhad i'w cynhyrchu yr oedd yn arferol i bob teulu fod yn berchen ar o leiaf dair. At ei gilydd, dim ond ymhlith eiddo'r bonedd sylweddol eu cyfoeth, megis marchogion ac ysweiniaid, y rhestrid cypyrddau. Ymddengys mai'r math cynharaf o gwpwrdd oedd yr hwn a elwid yn gwpwrdd-byr, sef cwpwrdd agored a ddefnyddid i arddangos cwpanau a llestri gorau'r tŷ, boed y rheini yn biwtar, yn blât neu'n wydr. Fel arfer, lleolid y cwpwrdd yn y neuadd neu yn y siambr fawr wrth ymyl y prif fwrdd bwyta.

Darn pwysig arall o ddodrefn, ac un a gynhwysid ym mwyafrif rhestri eiddo bonedd y cyfnod, oedd y bwrdd. Gan amlaf lleolid byrddau hir yn y neuadd lle y byddai holl aelodau'r teulu yn ymgynnull adeg pryd bwyd. Yr oedd yn arferiad er yr oesoedd canol i'r teulu eistedd ar un ochr i fwrdd a osodid ar lwyfan neu *dais* uwchlaw'r gweision. Dyna a oedd i gyfrif am y modd yr addurnid byrddau yn y cyfnod, gan mai un ochr yn unig a fyddai wedi ei cherfio. Yng nghartrefi'r mwyafrif helaeth o fân-fonedd, fodd bynnag, yr oedd y byrddau yn syml eu gwneuthuriad ac yn

ddim mwy na darnau hir o bren a osodid ar drestlau fel y
gellid eu rhoi o'r neilltu pan nad oeddynt yn cael eu
defnyddio. Hyd yn oed wrth esgyn y raddfa gymdeithasol y
mae'r cyfeiriadau at fyrddau yn awgrymu dodrefnyn ar ffurf
ffrâm a bwrdd ar wahân; er enghraifft, 'my best two tables
and frames; the great table in the hall with the frame and
formes thereunto adjoining; one table . . . uppon trestles'.
Yn ystod yr ail ganrif ar bymtheg y dechreuwyd gweld mwy
o amrywiaeth yng ngwneuthuriad a swyddogaeth byrddau;
er enghraifft, sonnid am fyrddau y gellid eu hymestyn; 'one
leaved foulding table' a 'one falling table'. Erbyn y cyfnod
hwnnw ceid hefyd gyfeiriadau at fyrddau atodol megis
byrddau sgwâr neu grwn a leolid yn y parlwr neu mewn
siambrau gwely gan amlaf. Ymhlith eiddo'r yswain Simon
Parry o Ruthun a Nantclwyd ym 1627 ceid amrywiaeth
eang o fyrddau: yn y neuadd, 'a drawinge table, a long table',
yn y parlwr, 'one longe table' ac yn y siambrau 'a round
table' a 'one square table'.

Afraid dweud mai'r dodrefnyn mwyaf gwerthfawr a
moethus ym mhlastai bonedd y cyfnod oedd y gwely. Y
tueddiad oedd i leoli'r gwely mwyaf ysblennydd yn y parlwr
neu'r siambr orau, megis y 'great bedstead' a geid yn siambr
wely Syr Thomas Myddelton yng Nghastell Y Waun. Mewn
cartrefi o'r fath y gwely pedwar-postyn fyddai'r mwyaf
cyffredin a byddai gan y bonheddwyr cyfoethocaf
amrywiaeth o welyau yn eu meddiant. Er enghraifft, yr oedd
naw ffrâm-gwely ym meddiant Edward Puleston, yswain o
Allenton, plwyf Gresffordd. Fodd bynnag, gellir tybio bod y
rhain yn amrywio o ran safon eu gwneuthuriad ac efallai mai
dim ond un neu ddau ohonynt a fyddai'n ddigon da ar gyfer
dodrefnu'r siambrau gorau. Ceir amcan o'r math o welyau a
oedd ym meddiant y bonedd uwch yn yr ychydig
ddisgrifiadau a geir yn rhestri eiddo'r cyfnod. Cyfeirir at sawl
gwely wenscot ymhlith dodrefn Plas Cadwgan ym 1586, yn
ogystal â gwely wedi ei gerfio o bren collen Ffrengig. Ym

mhlas Llannerch, ar y llaw arall, gorchuddid y gwelyau â defnyddiau drudfawr o wahanol liwiau er mwyn gweddu â gweddill y siambr. Yn y siambr las, er enghraifft, yr oedd 'i Bedsted covered with blue', yn y siambr goch 'i Redd Bedd' ac yn y siambr felen 'i Bedsted covered with yellow'. Yn hyn o beth, gellir tybio bod Syr Peter Mutton, perchennog Plas Llannerch, yn dodrefnu ei blasty yn ôl ffasiynau'r dydd.

I gyd-fynd â'r gwahanol fathau o welyau a ddaeth i'r amlwg yn ystod y cyfnod, cafwyd twf ym mhoblogrwydd eitemau moethus megis dillad gwely. O safbwynt moethusrwydd, ystyrid matresi plu ymhlith y gorau o'u bath, ond credir mai matresi o safon is wedi eu llenwi â gwlân neu wellt a geid yn y rhan fwyaf o gartrefi'r cyfnod. Ynghyd â'r fatres, ceid clustogau, cwiltiau, carthenni a chynfasau, i gyd yn amrywio o ran safon yn ôl adnoddau materol yr unigolyn. O gofio ansawdd a gwerth dillad gwely o'r fath, y mae'n debygol y cyflogid crefftwyr proffesiynol i lunio'r darnau gorau. Er enghraifft, yng Nghastell Y Waun ym 1621 cyflogwyd 'Roger Davis, upholsterer for making feather beds . . . 17s. . . . more payd him for 6 days work . . . 8s. 0d.' Yng nghartrefi bonedd llai cyfoethog gellir bod yn weddol sicr mai meistres y plasty a'i morynion a fyddai'n gyfrifol am wnïo neu frodio llawer o'r gorchuddion gwely. Ym mhlas Bachymbyd ym 1601 ceid amrywiaeth o orchuddion yn un o'r siambrau, gan gynnwys 'two Welsh coverlids . . . one yellow quilt taffeta . . . two tapestry hillings', tra oedd yr huling ym mhlas Llannerch, 'laced and lined with yellow bayes', hefyd yn cyfleu oriau o waith llaw manwl. O gymryd yr holl eitemau hyn ynghyd cynyddai gwerth y gwely fel dodrefnyn yn sylweddol.

Credir i'r ffenomen hon o orchuddio dodrefn â thecstilau a chlustogau ddod i'r amlwg am y tro cyntaf yn ystod yr unfed ganrif ar bymtheg. Er i gadeiriau wedi eu cerfio o bren neu wenscot barhau'n boblogaidd drwy gydol y cyfnod, nodid llawer mwy o decstilau amheuthun mewn rhestri eiddo. Eto i

12 Plas-yn-Rhos, ger Rhuthun. Darlun gan John Ingleby 1794.

gyd, cyfyngid y rhain i'r cyfoethogion yn unig gan fod defnyddiau drudfawr o'r fath yn rhy gostus i'r rhan fwyaf o fân-fonedd. Y mae'r disgrifiad o'r 'siambr goch' yn rhestr eiddo plasty Llannerch yn hynod drawiadol gan fod y cadeiriau, y stolion a'r clustogau i gyd wedi eu gorchuddio â thaffeta o'r un lliw; mewn siambr arall ceid 'iii chayres coverd with yellowe bayes' ac yn y siambr fawr rhestrwyd cynifer â deg ar hugain o gadeiriau a stolion, yn eu plith 'one greate chaire covered armes seate and back with Turkey Carpet fringes about'.

At ei gilydd, prin yw'r dystiolaeth ynghylch sut ac o ble y deuai dodrefn i blastai bonedd y gogledd-ddwyrain yn ystod y cyfnod hwn. Yn achos bonedd llai cefnog, tybir mai yn y trefi marchnad lleol y caent gyfle i gomisiynu rhai o'r crefftwyr bychain a oedd wedi sefydlu yno. Nid felly yn achos y cyfoethogion. Gwyddys eu bod hwy yn teithio'n gyson i'r Cyfandir, ac i Lundain, Rhydychen a Chaer-grawnt, yn ogystal ag i drefi marchnad y gororau megis Amwythig a Chaer, lle y gwerthid dodrefn a fewnforiwyd o Ewrop. Er enghraifft, yn rhestr eiddo'r yswain Edward Jones, Plas Cadwgan, ym 1586 ceid cyfeiriadau at ddodrefn tramor a wnaed o brennau egsotig, yn eu plith 'i fflawnders chaire . . . iii Chests whereof ii fflaunders and i Danske'. At ei gilydd, fodd bynnag, lleiafrif yn unig a oedd â'r modd i brynu dodrefn tramor neu a gâi gyfle i wneud hynny. Hyd yn oed yn achos y plastai mwyaf tybir mai crefftwyr lleol a fyddai'n gyfrifol am gynhyrchu'r amrywiaeth o ddodrefn a geid ynddynt. Ym 1545 comisiynodd John Wynn ap Maredudd o Wedir gwpwrdd pren â chanopi wedi ei gerfio'n gain â symbolau herodrol, ac o gofio'r traddodiad o gerfwaith coed sydd wedi goroesi mewn cynifer o eglwysi cynnar yn yr ardal gellir bod yn weddol sicr mai yng nghyffiniau Dyffryn Conwy y lluniwyd y darn hwn. Mewn plastai eraill y duedd oedd i gyflogi crefftwyr a allai droi eu llaw at sawl tasg. Er enghraifft, yng Nghastell Y Waun yn ystod yr ail ganrif ar bymtheg bu Dafydd y saer yn llunio cypyrddau yn ogystal â chyflawni nifer o fân orchwylion eraill.

O gofio faint o arian a neilltuid gan foneddigion y cyfnod ar gyfer gwella eu tai, rhaid eu bod yn ystyried cynnwys eu cartrefi yn drysorau teuluol. Cynrychiolai'r eitemau hyn gynnydd materol y teulu, gan osod sylfaen gadarn ar gyfer cenedlaethau'r dyfodol. Wrth graffu ar ewyllysiau'r cyfnod gwelir bod rhai o blith y bonedd yn awyddus i sicrhau bod y gwelliannau a wnaethpwyd i'w tai yn parhau wedi eu marwolaeth. Gadawodd y bonheddwr Thomas Evans o Ddinbych 'all glasse, waynscott, lockes of doores, barres of yron and all thinges whatsoever that are fastened to any part of the premisses' i'w fab o'r un enw, a mynegodd Thomas Goodman o Lanfair Dyffryn Clwyd ei ddymuniad i'r eitemau canlynol barhau yn eu safle gwreiddiol yn ei ddau blasty:

all wenscotte, implements and heirlooms of my mansion house called Plas Uchaf, my house in Ruthin called Plas Newith and excepting all old bedsteds and tables there . . . and that she will not deface much or carry away any of the wenscottes now remaining at Plas Ucha, nor the ould bedsteads and tables there.

Yn yr un modd daeth yn arferol i'r cymynroddwr, yn ei ewyllys, ddidoli'r holl eitemau symudol o fewn ei gartref a'u rhoi yng ngofal ei etifedd, gan nodi hefyd fod y rhain i aros yno yn rhan annatod o'r etifeddiaeth gyflawn. Yn ei ewyllys rhestrodd Evan ap Rees ap David o Wigfair, sir Ddinbych, yr holl ddodrefn y dymunai ei adael i'w fab hynaf John Lloyd, gan ychwanegu:

Also my will is that my son, John Lloid will leave the said tables, frames, benches, etc in my said house to remain and continue there forever.

Dynododd y bonheddwr David ap Hugh Lloyd, Maes-maencymro, Llanynys, yn ei ewyllys yntau ei ddymuniad y byddai holl ddodrefn ei dŷ yn cael ei ddefnyddio gan ei etifeddion:

I leave all my bedsteds, cupboards, tables, wainscots, chaires and stooles in ye house which I nowe dwell to maintain as heirloomes in the said house for the heirs and owners thereof.

Dengys yr holl dystiolaeth hon fod y gymdeithas fonheddig yn y gogledd-ddwyrain wedi datblygu'n ddosbarth deinamig a hyderus yn ystod y ganrif rhwng 1540 a 1640. Wrth i'r ystadau gynyddu'n raddol o'r naill genhedlaeth i'r llall, llwyddodd nifer o deuluoedd ac unigolion i ddyblu – ac weithiau fwy na dyblu – eu hincwm, a gwnaethant hynny drwy weinyddu eu hystadau'n effeithiol neu drwy ddilyn gyrfa yn y byd masnachol. Yn sgil y cyfoeth hwn hefyd agorwyd drysau newydd ym maes gweinyddiaeth leol, gan ddyrchafu statws y bonedd yn eu cymunedau. Y cam naturiol felly i fonedd a oedd yn ymgyfoethogi oedd arddangos hynny yn weledol. Dyma'r prif symbyliad a arweiniodd at y cynnydd amlwg yng ngwariant y bonedd ar eu tai. Yr oedd y plasty yn arwydd fod y perchennog wedi ennill ei le yn y gymdeithas. Wrth i faint y plastai gynyddu, deuai angen hefyd i brynu dodrefn a nwyddau moethus i lenwi'r ystafelloedd, gan greu awyrgylch a oedd yn gweddu i gartref bonheddwr gwâr. Dichon fod yr awydd i efelychu'r ffasiynau diweddaraf mewn pensaernïaeth a dodrefn wedi profi'n gryn faich ar rai o'r bonedd, ond yr oedd eu hymdrech i gyrraedd y nod drwy rannu a dwyn syniadau oddi ar ei gilydd yn gwbl agored yn arwydd o'r modd y treiddiai'r ffasiynau a'r dylanwadau diweddaraf o rengoedd uchaf y gymdeithas i blith y llai cefnog. I'r perwyl hwnnw, nid yn ôl maint y plastai nac ansawdd y dodrefn y dylid mesur llwyddiant bonedd siroedd Dinbych a'r Fflint yn ystod y cyfnod dan sylw. Yn hytrach, gwelir ôl eu llafur, eu hewyllys a'u hymdrechion diflino i wella ansawdd eu bywyd yn y cyfoeth o ddiwylliant gweledol a thystiolaeth bensaernïol a adawsant ar eu hôl.

DARLLEN PELLACH

J. Gwynfor Jones, 'Patrymau Bonheddig Uchelwrol yn Sir Ddinbych *c.1540–1640*: Dehongliad y Beirdd', *Trafodion Cymdeithas Hanes Sir Ddinbych*, 29 (1980).

J. Gwynfor Jones, *Beirdd yr Uchelwyr a'r Gymdeithas yng Nghymru c.1536–1640* (Dinbych, 1997).

Nia Watkin Powell, *Dyffryn Clwyd in the Time of Elizabeth I* (Rhuthun, 1991).

Enid Roberts, 'The Renaissance in the Vale of Clwyd', *Flintshire Historical Society Publications*, 15 (1954–5).

Enid Roberts, *Dyffryn Clwyd a'r Cyffiniau 500 Mlynedd yn ôl* (Pwyllgor Llên Eisteddfod Genedlaethol Y Rhyl, 1985).

Enid Roberts, *Tai Uchelwyr y Beirdd 1350–1650* (Caernarfon, 1986).

Enid Roberts, 'Everyday Life in the Homes of the Gentry', *Class, Community and Culture in Tudor Wales*, gol. J. Gwynfor Jones (Caerdydd, 1989).

Peter Smith, *Houses of the Welsh Countryside* (Llundain, 1988).

Eurwyn Wiliam, '"Let use be preferred to uniformity": Domestic Architecture', *Class, Community and Culture in Tudor Wales*, gol. J. Gwynfor Jones (Caerdydd, 1989).

G. Haulfryn Williams, 'Caernarfonshire House Interiors 1660–90', *Trafodion Cymdeithas Hanes Sir Gaernarfon*, 38 (1977).

WILLIAMS PANTYCELYN A GWAWR Y MUDIAD CENHADOL

E. Wyn James

Hed fel mellten, bur efengyl,
A gorchfyga oll yn lân;
Bydded i'th gyffiniau eang
Ymhelaethu fyth ymla'n,
A'th lywodraeth,
Dros y moroedd mawr i gyd.

William Williams, Pantycelyn

Petaech wedi digwydd bod yn Downing Street, Llundain, ar 26 Awst 1743, byddech wedi gweld Sais ifanc yn hebrwng cyfaill i mewn i rif un ar ddeg. Cymro o sir Frycheiniog oedd y cyfaill hwnnw ac yr oedd ar un o'i ymweliadau cyson â'r brifddinas. Nid cyflwyno'r Cymro ifanc i Ganghellor y Trysorlys oedd diben yr ymweliad – nid oedd 11 Downing Street yn gartref swyddogol i'r Canghellor y pryd hwnnw – ond yn hytrach ei gyflwyno am y tro cyntaf i 'a Lady of quality', fel y'i disgrifiwyd gan y Cymro yn ei ddyddiadur. Yr hyn a glymai'r tri chymeriad ynghyd oedd eu bod wedi profi tröedigaeth efengylaidd ychydig flynyddoedd ynghynt a'u bod yn dod yn gynyddol amlwg fel arweinwyr y mudiad Methodistaidd newydd a oedd yn dechrau blodeuo o ddifrif erbyn hynny – mudiad a ddechreuodd tua'r un adeg, fwy neu lai, yng Nghymru, Lloegr, yr Alban a Lloegr Newydd yn y 1730au, er i'r dechreuadau hynny fod yn annibynnol ar ei gilydd yn y gwahanol wledydd.

Pwy oedd y tri a gyfarfu yn 11 Downing Street ar y diwrnod hwnnw yn Awst 1743? Y Cymro oedd Howel Harris, yr arweinydd Methodist tanbaid o Drefeca ger Talgarth; ei dywysydd Saesneg oedd Charles Wesley, a ddeuai'n emynydd enwog maes o law, a'r 'Lady of quality' oedd Selina, Arglwyddes Huntingdon, aelod o'r bendefigaeth Seisnig a noddwr pwysicaf y mudiad Methodistaidd hyd ei marw yn 83 oed ym 1791. Yng ngeiriau Edwin Welch, ei bywgraffydd, yr oedd y diwrnod hwnnw yn Llundain yn ddechrau ar 'a long and somewhat tumultuous friendship' rhwng yr Arglwyddes a Howel Harris – er nad yw hynny'n syndod, gan fod pob cyfeillgarwch o eiddo Howel Harris fel petai'n un 'cythryblus', hyd yn oed â phobl dipyn llai penderfynol ac awdurdodol nag Arglwyddes Huntingdon!

Bu'r 1750au yn gyfnod tawel ym mherthynas Harris a'r Arglwyddes, ac yn gyfnod anodd yn hanes Methodistiaeth Gymreig. Parodd y dieithrwch a godasai rhwng Harris a'i gyd-

13 Selina Hastings, Arglwyddes Huntingdon (1707–91), brenhines y
Methodistiaid. Engrafiad c.1780.

Fethodistiaid erbyn dechrau'r 1750au iddo gilio i'w gartref yn
Nhrefeca a chreu yno gymuned grefyddol neilltuedig. Yn
achos Arglwyddes Huntingdon, yr oedd y 1750au yn gyfnod
pryd y bu'n rhaid iddi sianelu ei hegnïon yn helaeth i
gyfeiriad ei chyfrifoldebau teuluol. Ond cafwyd newid
sylfaenol ar ddechrau'r 1760au pan brofodd y Methodistiaid
Cymreig don newydd o fywiogrwydd ysbrydol. Cyd-drawodd
hynny â chymodi i raddau helaeth rhwng Harris a'i gyd-
Fethodistiaid. Yn y cyfnod hwn hefyd gwelwyd Arglwyddes
Huntingdon yn ymroi'n gynyddol i'r mudiad Methodistaidd,
wrth i'w chyfrifoldebau teuluol leihau yn sylweddol. Cyfarfu
Harris â hi yn Nhachwedd 1763 am y tro cyntaf er yr
ymrannu mawr yn y 1750au ac am y deng mlynedd nesaf,
hyd at farwolaeth Harris ym 1773, byddent yn cydweithio'n
agos iawn.

Ar unwaith, bron, ceisiodd Harris ddarbwyllo Arglwyddes
Huntingdon fod angen academi i hyfforddi pregethwyr, ac ym
1768 agorodd hi ei choleg yn Nhrefeca gyda hynny mewn
golwg. Daeth hyn â hi i gysylltiad agos nid yn unig â Howel
Harris ond hefyd ag eraill o blith y Methodistiaid Cymreig,

14 Capel a Thŷ Spa Fields, Llundain.

gan gynnwys William Williams o Bantycelyn. Ef yw'r mwyaf adnabyddus heddiw o blith emynwyr Methodistaidd Cymru'r ddeunawfed ganrif, a'r enw mwyaf cyfarwydd o'u plith yn y byd Saesneg hefyd, o ran hynny, ar gyfrif ei emyn Saesneg hynod boblogaidd, 'Guide me, O thou great Jehovah'. Yn sgil tröedigaeth efengylaidd pan oedd yn fyfyriwr ugain mlwydd oed dan ddylanwad pregethu Howel Harris yn niwedd y 1730au, daeth Williams Pantycelyn yn fuan iawn yn un o brif arweinwyr y mudiad Methodistaidd yng Nghymru. Ar ôl bod yn gurad eglwysig am ychydig o flynyddoedd, treuliodd y cyfnod rhwng 1744 a'i farw ym 1791, yn 73 oed, yn cyflawni gweinidogaeth deithiol ymhlith y Methodistiaid o'i bencadlys ym Mhantycelyn – ei ffermdy ger Llanymddyfri yng ngogledd sir Gaerfyrddin – gan deithio ar gefn ei geffyl dros 2,500 milltir bob blwyddyn am ymron hanner can mlynedd.

Yr oedd gweinidogaeth Williams yn un driphlyg, sef pregethu, bugeilio'r seiadau Methodistaidd, a chyhoeddi. Rhwng 1744 a'i farw cyhoeddodd tua 90 o lyfrau a phamffledi, yn cynnwys dwy gerdd hir nodedig a nifer o lyfrau rhyddiaith pwysig, y cyfan wedi ei anelu at gynorthwyo'r dychweledigion Methodistaidd i ddeall eu profiadau ysbrydol yn well ac i'w cadarnhau yn eu ffydd. Ond, er pwysiced ei gyfraniadau eraill, fel prif emynydd Cymru – ein 'Pêr Ganiedydd' – y mae Pantycelyn yn fwyaf adnabyddus. Ef yw tad yr emyn Cymraeg ac awdur tua thraean o'r tair mil o emynau a luniwyd yn 'ffrwydrad emynyddol' Cymraeg y ddeunawfed ganrif. Er iddo ddechrau cyhoeddi emynau yn y 1740au y mae'n werth pwysleisio, yn enwedig yn y cyd-destun presennol, fod prif gorff ei waith, a phrif gynnyrch ei aeddfedrwydd fel emynydd, bardd ac awdur rhyddiaith, yn perthyn i'r degawd a rhagor a ddilynodd ail don fawr y Diwygiad Methodistaidd – 'Diwygiad Llangeitho' fel y'i gelwir – yn y 1760au, ac yntau erbyn hynny o gwmpas hanner can mlwydd oed. Er bod llwybrau Williams Pantycelyn ac Arglwyddes Huntingdon

15 Engrafiad o William Williams, Pantycelyn, yn seiliedig ar John
Williams, *William Williams, Pantycelyn*, 1867.

wedi croesi mor gynnar â 1748, ymddengys mai ar ôl sefydlu
Coleg Trefeca y daeth y ddau i adnabod ei gilydd yn dda. Ef
oedd un o'r pregethwyr yng nghyfarfodydd blynyddol cyntaf
y Coleg yn Awst 1769, a bu'n pregethu droeon yn y
cyfarfodydd blynyddol hynny dros yr ugain mlynedd nesaf.
Cymaint oedd parch yr Arglwyddes at Williams fel yr
honnir iddi ddweud amdano: 'Everything considered, Wales
has no greater man of whom to boast.'

Yn fuan ar ôl sefydlu Coleg Trefeca, etifeddodd Arglwyddes Huntingdon gyfrifoldeb mawr arall ar farwolaeth y pregethwr Methodist seraffaidd, George Whitefield. Portreedir y Methodistiaid yn aml fel rhai a ymboenai yn unig am eneidiau pobl; ond yr oedd ganddynt hefyd ofal dros y corff. Er enghraifft, mor fuan â 1736, flwyddyn ar ôl ei dröedigaeth, cawn Howel Harris yn cynllunio i sefydlu cartref i blant amddifaid yng Nghymru. Ni ddaeth dim o'r bwriad hwnnw yn y diwedd, ond yn yr un cyfnod sefydlodd George Whitefield gartref i blant amddifaid y tu hwnt i Fôr Iwerydd, yn Georgia. Ar ôl ei farwolaeth ym 1770, gadawodd Whitefield y cartref – 'buildings, land, negroes and every thing' – i ofal Arglwyddes Huntingdon.

Er ei fod yn berchen ar gaethweision, y mae'n werth cofio i George Whitefield gael ei ddisgrifio fel 'cyfaill mawr cyntaf y negro Americanaidd'. Yr oedd caethwasiaeth yn y cyfnod hwnnw yn rhan o'r drefn gymdeithasol ac economaidd, trefn na ellid ei newid heb gytundeb gwladwriaethol a rhyngwladol, ac agwedd gyffredinol rhai fel Arglwyddes Huntingdon oedd ei bod yn well cadw caethweision dan amodau da ac mewn awyrgylch Cristnogol na'u rhyddhau i fyd gelyniaethus a phaganaidd. Ond o safbwynt ei egwyddorion hanfodol, wrth gwrs, paratôdd Diwygiad Efengylaidd y ddeunawfed ganrif y tir ar gyfer tranc caethwasiaeth, oherwydd yng Nghrist, yn ôl yr Apostol Paul, 'nid oes na chaeth na rhydd' (Galatiaid 3:28). Gellir mynd ymhellach. Nodwyd uchod fod gan y Methodistiaid ofal dros y corff yn ogystal â'r enaid, a maes o law aeth dileu caethwasiaeth yn ail flaenoriaeth, yn nesaf at efengyleiddio'r byd, ar raglen y mudiad a dyfodd allan o'r Diwygiad Efengylaidd. Yn wir, gellir dweud mai llafur ail a thrydedd genhedlaeth y mudiad hwnnw (a William Wilberforce a Sect Clapham yn fwyaf arbennig, efallai) a lwyddodd yn fwy na neb yn y pen draw i beri'r newidiadau gwladwriaethol a arweiniodd at ddileu'r fasnach mewn caethweision gan Brydain a rhyddhau'r caethweision yn ei thiriogaethau.

Y mae un o emynau Saesneg mwyaf cyfarwydd Williams Pantycelyn, 'O'er those gloomy hills of darkness' yn cyfeirio'n benodol at 'the negro':

> Let the Indian, let the negro,
>   Let the rude barbarian see
> That divine and glorious conquest
>   Once obtained on Calvary . . .

Dyna un rheswm, o bosibl, paham yr oedd yr emyn yn gryn ffefryn gan y Cristnogion du a ymfudodd ym 1792 o Nova Scotia i'r wladfa a oedd newydd ei sefydlu yn Sierra Leone ar gyfer cyn-gaethweision. A hwyrach fod y cyfeiriad at 'the negro' wedi ei ysbrydoli, yn rhannol o leiaf, gan y caethweision du yng nghartref plant amddifaid Whitefield yn Georgia, oherwydd cyhoeddwyd yr emyn am y tro cyntaf yn ail gasgliad Williams o emynau Saesneg, *Gloria in Excelsis: or Hymns of Praise to God and the Lamb*, a argraffwyd yng Nghaerfyrddin ym 1772, casgliad y dywedir iddo gael ei gyhoeddi ar gais Arglwyddes Huntingdon er mwyn iddi ei anfon at ddefnydd y cartref yn Georgia.

Yn ôl traddodiad, ysgrifennwyd yr emyn ym mhlasty Llwyn-gwair ger Trefdraeth yn sir Benfro, cartref y Boweniaid, a oedd yn gefnogol iawn i'r achos Methodistaidd. Arferai John Wesley, er enghraifft, aros yn Llwyn-gwair ar ei deithiau yn ôl ac ymlaen i Iwerddon. Dywedir bod ysgwïer Llwyn-gwair, George Bowen (1722–1810), wedi cael tröedigaeth wrth glywed merch ar yr heol yn Nhrecastell, sir Frycheiniog, yn canu rhai penillion o waith Pantycelyn wrth iddo ddigwydd mynd heibio yn ei gerbyd; ac yn ôl traddodiad, ffrwyth cais gan George Bowen i Williams Pantycelyn lunio penillion i fynydd-dir Preseli tra oedd yn aros yn Llwyn-gwair yw'r emyn, 'O'er those gloomy hills of darkness'. Gellir olrhain y traddodiad hwn i ddechrau'r bedwaredd ganrif ar bymtheg, a dywedir bod ar un adeg gopi o'r emyn yn llaw Pantycelyn ym meddiant teulu'r Boweniaid, er na wyddys bellach ymhle y mae'r copi hwnnw. (Lluniodd D. J. Williams stori fer ar sail y traddodiad tuag adeg llosgi'r Ysgol Fomio ym 1936, stori a gyhoeddwyd yn *Storïau'r Tir Glas*.) Ond beth bynnag a wneir o'r traddodiad, gall y sawl sy'n gyfarwydd â phlasty Llwyn-gwair, sydd bellach yng nghanol 'Llwyngwair Manor Holiday Park', gadarnhau mai'r hyn a welai Williams wrth edrych allan o ffenestr ei lofft ym mlaen y plasty fyddai Carn Ingli yn codi'n drawiadol o serth yn union o'i flaen.

Cymhlethir pethau gan draddodiad arall ynghylch cyfansoddi'r emyn, traddodiad y gellir ei olrhain yntau i ddechrau'r bedwaredd ganrif ar bymtheg. Yn ôl y traddodiad hwnnw, fe'i cyfansoddwyd wrth i Williams deithio o Gwm Rhondda i gartref perthynas iddo yng Ngyfylchi ger Pont-rhyd-y-fen yng Nghwm Afan. Yn ôl yr hanes, yr oedd wedi derbyn cais gan Arglwyddes Huntingdon i gyfansoddi emyn cenhadol ar gyfer achlysur arbennig, ac yr oedd y cais hwnnw'n pwyso'n drwm arno wrth iddo ddechrau ar ei daith tua blaenau Cwm Rhondda. Yr oedd yn ddiwrnod stormus, ac wrth groesi Pen-rhys (ger adfeilion yr hen fynachlog) gallai weld y mynyddoedd y byddai'n rhaid iddo eu croesi i gyrraedd Cwm Afan a chlydwch Gyfylchi yn codi'n fygythiol yn y pellter. Dywedir mai'r olygfa honno a'i hysbrydolodd i gyfansoddi 'O'er those gloomy hills of darkness', emyn a gwblhawyd erbyn iddo gyrraedd pen ei daith.

Y mae nifer o bethau o blaid y traddodiad hwn. Er bod rhai problemau ynghylch profi perthynas waed rhwng Williams a theulu Gyfylchi, ceir traddodiadau cryf yn lleol sy'n awgrymu bod ganddo gysylltiad teuluol â'r ardal, o bosibl trwy chwaer ei fam. Yn sicr, bu Williams yn ymweld â'r cylch ar nifer o achlysuron ar ei deithiau pregethu, gan gynnwys (yn arwyddocaol efallai) ymweliad ym 1771, flwyddyn cyn cyhoeddi'r emyn 'O'er those gloomy hills of darkness' am y tro cyntaf. Hefyd, y mae'r mynyddoedd a wynebai Williams yng Nghwm Rhondda yn sicr yn fwy tywyll a bygythiol na Charn Ingli yn sir Benfro; ac y mae'r ffaith fod Arglwyddes Huntingdon yn cael ei henwi yn y stori am Gwm Rhondda yn golygu y dylid, efallai, roi mwy o bwys arni na'r llall, yn enwedig gan fod nifer o'i myfyrwyr yn Nhrefeca wedi ymadael i gyflawni gwaith cenhadol tramor tuag adeg llunio'r emyn. Ond nid dyna ddiwedd y stori oherwydd y mae modd cysylltu enw Arglwyddes Huntingdon â'r traddodiad am sir Benfro hefyd! Yn Awst a Medi 1771 aeth Arglwyddes Huntingdon ar daith yn ne Cymru yng nghwmni Daniel Rowland a Williams Pantycelyn, ac un o'r lleoedd y bu iddynt aros ynddynt ar eu taith oedd Llwyn-gwair.

Y demtasiwn, wrth gwrs, yw ymwrthod â'r ddau draddodiad fel ei gilydd, gan eu cyfrif yn storïau onomastig sy'n rhan o chwedloniaeth helaeth y Methodistiaid. Y posibilrwydd arall, serch hynny – ar sail y dybiaeth nad oes mwg heb rywfaint o dân (fel y gwelsom mor aml erbyn hyn yn achos 'dychmygion' Iolo Morganwg, er enghraifft) – yw cyfuno'r ddau draddodiad ac awgrymu'r canlynol: bod Williams wedi ysgrifennu'r emyn ar gais Arglwyddes Huntingdon; iddo ei lunio tra oedd ar daith yng Nghwm Rhondda ym 1771; iddo gyflwyno'r fersiwn terfynol i'r Arglwyddes tra oedd y ddau ar daith bregethu y flwyddyn honno, a gwneud copi ohono ar gais George Bowen tra oeddynt yn aros yn Llwyn-gwair.

Yn y pen draw, wrth gwrs, nid yw o bwys mawr o safbwynt gwerth yr emyn a yw'r traddodiadau hyn yn wir ai peidio, yn enwedig gan mai rhai ysbrydol yn hytrach na llythrennol yw'r mynyddoedd sydd dan sylw ynddo. Emyn am lwyddiant byd-eang yr efengyl Gristnogol ydyw, a'i brif nodwedd yw ei hiraeth hyderus. Y mae ynddo hiraeth cryf ar i'r efengyl lwyddo, fel y gwelwn o'r ysbryd ymbilgar, gweddigar sy'n ei hydreiddio; ond ochr yn ochr â hynny y mae ynddo hyder y *bydd* yr efengyl yn sicr o lwyddo yn y pen draw, ac y *bydd* addewidion Duw yn cael eu cyflawni. Adlewyrchir hyn yn nelweddaeth yr emyn. O fyd goleuni a thywyllwch, ynghyd â rhyfela, y daw'r delweddau amlycaf; nid oes unrhyw amheuaeth y *bydd* y goleuni yn y pen draw yn ymlid y nos, ac y *bydd* yr efengyl yn fuddugoliaethus yn y diwedd. Gwelir, felly, mai'r thema fawr sy'n rhedeg trwy'r emyn yw buddugoliaeth: buddugoliaeth sicr yr efengyl Gristnogol, a hynny oherwydd y goncwest a enillodd Crist ar Galfaria. Y mae'r frwydr allweddol wedi ei hennill eisoes, felly, er bod brwydrau llai eto i'w hwynebu. Dyma'r emyn ar ei hyd, gan ddilyn geiriad argraffiad cyntaf 1772, ond gyda pheth twtio ar yr orgraff a'r atalnodi:

> O'er those gloomy hills of darkness
>   Look, my soul, be still and gaze;
> All the promises do travail
>   On a glorious day of grace.
>   Blessèd Jubil!
>   Let thy glorious morning dawn.
>
> Let the Indian, let the negro,
>   Let the rude barbarian see
> That divine and glorious conquest
>   Once obtained on Calvary;
>   Let the gospel
>   Word resound from pole to pole.
>
> Kingdoms wide that sit in darkness,
>   Let them have the glorious light,
> And from eastern coast to western
>   May the morning chase the night;
>   And redemption,
>   Freely purchased, win the day.

May the glorious days approaching,
    From eternal darkness dawn,
And the everlasting gospel
    Spread abroad thy holy name.
        Thousand years,
    Soon appear, make no delay.

Lord, I long to see that morning
    When thy gospel shall abound,
And thy grace get full possession
    Of the happy promised ground;
        All the borders
    Of the great Immanuel's land.

Fly abroad, eternal gospel,
    Win and conquer, never cease;
May thy eternal wide dominions
    Multiply, and still increase;
        May thy sceptre
    Sway the enlightened world around.

O let Moab yield and tremble,
    Let Philistia never boast,
And let India proud be scattered
    With their numerable host;
        And the glory,
    Jesus, only be to thee.

Y mae'r emyn hwn yn ymgorfforiad o'r hyn a elwir weithiau yn 'Obaith Piwritanaidd'. Cyn symud at y 'Gobaith' hwnnw, fodd bynnag, y mae'n werth nodi un cysylltiad arall, anuniongyrchol y tro hwn, rhwng yr emyn ac Arglwyddes Huntingdon. Cafwyd cyfieithiad Cymraeg ohono ym 1795 gan John Williams (1754–1828), ail fab Williams Pantycelyn, a fu'n brifathro Coleg Trefeca rhwng 1786 a 1791. Nid oedd John Williams yn emynydd, a phan fyddid yn gofyn iddo paham nad oedd yn cyfansoddi emynau, ei ateb fyddai: 'Y mae 'nhad wedi canu digon.'

Ond, a barnu wrth y cyfieithiad Cymraeg o'r emyn hwn, 'Dros y bryniau tywyll niwlog', y mae'n drueni na throdd ei law at lunio emynau ei hun. Talfyrrodd yr emyn gwreiddiol drwy gyfuno pedwerydd a phumed pennill yr emyn Saesneg a hepgor y seithfed pennill yn llwyr. O ganlyniad, y mae'r emyn Cymraeg yn fwy cynnil, ac ar ei ennill o'r herwydd. At hynny, y mae'r cyfieithiad yn rhedeg yn llyfn ac yn naturiol, a'r dweud yn fwy trawiadol na'r gwreiddiol ar dro, megis y 'rhyfeddu' yn lle 'see' yn yr ail bennill, a'r 'hed fel mellten' yn lle 'fly abroad' yn y chweched:

> Dros y bryniau tywyll niwlog
>   Yn dawel, f'enaid, edrych draw
> Ar addewidion sydd i esgor
>   Ar ryw ddyddiau braf gerllaw;
>   Nefol Jiwbil,
>   Gad im weld y bore wawr.
>
> Doed yr Indiaid, doed barbariaid,
>   Doed y negros du yn llu,
> I ryfeddu'r ddwyfol goncwest
>   Unwaith gawd ar Galfari;
>   Sŵn y frwydr
>   A dreiddio i eitha' conglau'r byd.
>
> Ar ardaloedd maith o d'w'llwch,
>   Tywynnu a wnelo'r heulwen lân,
> Ac ymlidied i'r gorllewin
>   Y nos o'r dwyrain draw o'i blaen;
>   Iechydwriaeth,
>   Ti yn unig gario'r dydd.
>
> Gwawria, gwawria, hyfryd fore,
>   Ar ddiderfyn fagddu fawr,
> Nes bo bloedd yr euraidd utgorn
>   Yn datseinio'r nen a'r llawr,
>   Holl derfynau
>   Tir Immanuel i gyd.

Hed fel mellten, bur efengyl,
  A gorchfyga oll yn lân;
Bydded i'th gyffiniau eang
  Ymhelaethu fyth ymla'n,
    A'th lywodraeth,
  Dros y moroedd mawr i gyd.

16 'Gwawria, gwawria, hyfryd fore ...' Darlun gan Rhiain Davies
    o Williams Pantycelyn ar gefn ei geffyl.

Un o gyfrolau mawr yr ugeinfed ganrif, ac yn sicr un o'r rhai mwyaf dylanwadol a dadleuol, yw *Williams Pantycelyn* gan Saunders Lewis, a gyhoeddwyd ym 1927. Er cydnabod mawredd y llyfr, rhaid dweud hefyd fod y darlun o Williams a geir ynddo yn ddiffygiol. Nid cyfrinydd Pabyddol annhymig a rhwystredig mo Williams Pantycelyn, fel y byddai Saunders Lewis am inni gredu; yn hytrach, yr oedd yn etifedd o waed coch cyfan i'r Piwritaniaid (fel y dangosodd y diweddar R. Tudur Jones yn feistraidd yn *Saunders Lewis a Williams Pantycelyn*, ei Ddarlith Goffa Henry Lewis am 1987). Ni welir dyled Williams i'r Piwritaniaid yn gliriach nag yn ei eschatoleg oherwydd, fel y mae 'O'er those gloomy hills of darkness' a'i ysgrifeniadau eraill yn dangos yn glir, yr oedd Pantycelyn yn coleddu'r hyn a elwir weithiau yn 'Obaith Piwritanaidd' am lwyddiant byd-eang yr efengyl Gristnogol yn y dyddiau diwethaf.

Y mae tuedd i'r 'pethau diwethaf' gael sylw arbennig mewn cyfnodau o chwyldro, argyfwng neu ansicrwydd. Dyna sy'n wir am ferw'r cyfnod Piwritanaidd yng nghanol yr ail ganrif ar bymtheg. Cafwyd llawer o drafod ynghylch diwedd y byd ac ailddyfodiad Crist yr adeg honno, ac amlygwyd sbectrwm eang o gredoau a deongliadau yn eu cylch. Yr oedd rhai fel Morgan Llwyd a Vavasor Powell yn gyn-filflwyddwyr. Credent y byddai Crist yn dychwelyd i drechu drygioni ac i deyrnasu'n gorfforol ar y ddaear am gyfnod estynedig cyn diwedd y byd; a chredent, ymhellach, fod y milflwyddiant hwnnw wrth y drws. Ond, fel y dangosodd Iain H. Murray yn ei gyfrol bwysig *The Puritan Hope* (1971), fersiwn ar ôl-filflwyddiaeth a gofleidid gan gyfran arwyddocaol o brif ffrwd y Piwritaniaid ac, yn wir, gan brif ffrwd efengylyddiaeth ym Mhrydain o hynny hyd at hanner cyntaf y bedwaredd ganrif ar bymtheg. A dyna'r safbwynt a welir yng ngweithiau Williams Pantycelyn, sef y câi ailddyfodiad gweledig Crist ar ddiwedd y byd ei ragflaenu gan gyfnod hir o lwyddiant byd-eang i'r efengyl Gristnogol, cyfnod y 'Mil Blynyddoedd' (er na

fyddai o anghenraid yn union fil o flynyddoedd o ran hyd),
pan fyddai Crist yn teyrnasu yn ysbrydol ac y byddai
gwybodaeth yr Arglwydd yn llenwi'r ddaear 'megis y mae y
dyfroedd yn toi y môr' (Eseia 11:9).

Er bod peth anghytundeb ymhlith deiliaid y 'Gobaith
Piwritanaidd' ynghylch union drefn cyflawni'r gwahanol
elfennau ynddo, gellir eu crynhoi (a'u gor-symleiddio) fel a
ganlyn. Yn gyntaf, ceid cyfnod o lwyddiant nodedig i'r
efengyl Gristnogol ymhlith y Cenhedloedd, 'hyd oni ddeuai
cyflawnder y Cenhedloedd i mewn' (Rhufeiniaid 11:25). Yn
ail, Cwymp Anghrist (sef heresi o bob math). Yn drydydd,
byddai'r Iddewon yn dychwelyd i ffydd yng Nghrist. Yn
bedwerydd, rhwymid Satan a dinistrid pob gau grefydd. Yn
bumed, deuai cyfnod hir – 'y Mil Blynyddoedd' – pryd y
byddai'r efengyl Gristnogol yn rhedeg yn ddirwystr trwy'r
byd, a theyrnasoedd y ddaear yn mynd 'yn eiddo ein
Harglwydd ni, a'i Grist ef' (Datguddiad 11:15). Yna, yn olaf,
ar ôl y cyfnod dedwydd hwnnw, câi Satan ei ryddhau eto, a
deuai Crist yn ôl yn weledig i drechu Satan yn derfynol, i
farnu'r byw a'r meirw, ac i ddwyn i mewn nefoedd newydd
a daear newydd (Datguddiad 20:7–21:1).

Fel yr awgrymwyd uchod, y mae'r 'Gobaith Piwritanaidd'
hwn i'w weld yn glir yng ngwaith Williams Pantycelyn o'r
dechrau i'r diwedd. Ceir mynegiant ohono, er enghraifft,
mor gynnar â Rhagfyr 1745 mewn llythyr Saesneg at Howel
Harris, yng nghanol ymgais 'Bonnie Prince Charlie' – yr
'Ymhonnwr Pabyddol' fel y'i gelwir gan Bantycelyn – i gipio
gorsedd Prydain:

> I am apt to believe a popish pretender will not prevail
> long. The Church of God will be more glorious in the
> time to come. Glorious promises are not fulfilled. Is
> the gospel preached through the whole world, as
> promised in ye Gospel by our Saviour himself? No, no!
> All America as yet never heard such things. Has ye
> great Babilon [h.y. Eglwys Rufain] fallen? No, no! Its

time I hope is at hand. Has ye poor, ignorant, sinful and reproachful Jews been called (Rom. 11)? No; but tis certain to come. Has the devil been bound for 1,000 years (Rev. 19)? I suppose not. Has the fullness of ye Gentiles come in? Has the glorious promises of Isaiah, Ezekiel, Revelation been fulfilled? No, no! Dear Brother, pray for them. We have great reason to expect these things in short. Dark cloud in the morning is no proof ye day is far . . . Who knows but Christ's kingdom of peace may come of the shaking empires, kingdoms, states &c. Many prayers are gone up now of late, and formerly, that the idolatrous church of Rome should be pulled down, Jews converted, and Mahometanism rooted up. May these things come to pass. Amen. Amen. Amen.

Yn y dyfyniad uchod ceir holl elfennau'r 'Gobaith Piwritanaidd'. Un nodwedd amlwg yn y llythyr yw hyder anorchfygol Williams fod yr efengyl yn mynd i lwyddo'n fyd-eang. Ym 1746, ychydig wedi iddo ysgrifennu'r llythyr uchod, cyhoeddodd Williams emyn yn y bedwaredd ran o'i gasgliad emynau cyntaf, *Aleluia*, dan y teitl 'Addewidion'. Dyma ddau bennill ohono:

> Daw amser bra', can's gwawrio bron
> Mae hafddydd yr efengyl lon;
> I'r 'nysoedd pell daw'r trysor drud,
> A'i sŵn â hyd eithafoedd byd . . .
>
> Gwybodaeth Iesu fydd yn stôr
> Fel dyfroedd mawr yn llanw'r môr;
> Daw Gog a Magog at yr Iôn,
> Holl bwrcas gwaed 'r annwyl Oen.

Cyfeiriad at y 'cenhedloedd sydd ym mhedair congl y ddaear' yw'r 'Gog a Magog' yn yr ail bennill (Datguddiad 20:8). Y mae'r emyn hwn yn gorlifo o hyder a sicrwydd yn yr addewidion a geir ym mhroffwydoliaeth Eseia, pennod 11, a mannau eraill. Ond er bod y dyddiau hynny bron â chyrraedd, efallai, nid oeddynt wedi dechrau eto yn nhyb Williams.

Bu'r gred yn llwyddiant byd-eang yr efengyl yn niwedd amser yn ysbardun pwysig i'r mudiad cenhadol Protestannaidd grymus a gododd yn niwedd y ddeunawfed ganrif. O'r ochr arall, yr oedd y gred nad oedd yr amser hwnnw wedi dod yn un o'r ffactorau a rwystrai fudiad cenhadol rhag datblygu ynghynt yn y ganrif. Nid na bu peth gwaith cenhadol yn ystod y ganrif, wrth gwrs. Fel y dengys ei weithiau, yr oedd rhagflaenydd y Methodistiaid Cymreig cynnar, Griffith Jones, Llanddowror, yntau'n cofleidio'r 'Gobaith Piwritanaidd' am lwyddiant byd-eang yr efengyl. Bu bron i Griffith Jones fynd yn genhadwr i Tranquebar ym Madras yn ne-ddwyrain India, yn rhan o ddatblygiad cenhadol arloesol dan nawdd Cymdeithas Genhadol Frenhinol Denmarc. Fe'i penodwyd yn ysgolfeistr a chenhadwr yno yn sgil cyfweliad gan bwyllgor yr SPCK yn Llundain yng Ngorffennaf 1713. Dyna'r adeg, y mae'n debyg, y bu'n pregethu gerbron y Frenhines Anne, achlysur y cyfeiria Pantycelyn ato yn ei farwnad i Griffith Jones: 'Clywodd hithau rym ei ddoniau, / Freiniol ardderchocaf Anne.' Petai wedi mynd, ef fuasai un o'r cenhadon Protestannaidd cyntaf o Brydain i fynd i'r Dwyrain; ond, yn ôl cofnodion yr SPCK, penderfynu gwrthod y gwahoddiad a wnaeth yn y diwedd 'upon the prospect he had of doing more service in his Native Country than he can propose to do abroad'.

Un a fu ynglŷn â'r Genhadaeth yn Tranquebar oedd yr arweinydd Pietaidd amlwg, August Hermann Francke, Athro Diwinyddiaeth Prifysgol Halle. Bu ef yn ddylanwad pwysig ar y Methodistiaid cynnar; er enghraifft, dilyn ei esiampl ef yn rhannol a wnaeth Howel Harris a George Whitefield wrth gynllunio agor cartrefi i blant amddifaid. Ysgrifennodd un o ddisgyblion Francke, J. A. Bengel, fel hyn:

The approach of better times for Christianity may be compared to the gradual peep of verdure through the dissolving snow . . . The large wintry covering spread over all the nations, and which *we* are waiting to see dissolved, consists of Mohammedism, Popery and Infidelity . . . [All such obstacles to the incoming of the Gentiles] will be broken through at the proper time.

Ond ei gred ym 1740 oedd: 'At present the age of missions to the heathen and to the Jews is not fully arrived.' A rhywbeth yn debyg oedd agwedd Williams Pantycelyn yn yr un cyfnod. Er credu yn sicr yn llwyddiant yr efengyl yn fyd-eang, ac er credu y gallai hynny fod wrth y drws, nid oedd yr amser wedi dod eto yn nhyb Williams, ac ychydig o sôn sydd, mewn gwirionedd, am y 'Gobaith Piwritanaidd' ac am lwyddiant byd-eang yr efengyl yn ei waith hyd at ddechrau'r 1760au. Nid yw hynny'n syndod mawr o gofio bod mwy na digon i fynd â'i sylw yng Nghymru yn ystod y 1750au, rhwng y llesgedd ysbrydol a ddaeth yn sgil yr ymrannu rhwng Harris a Rowland a'r ffaith fod gogledd Cymru, yn enwedig, yn parhau yn faes cenhadol gwyryfol i'r Methodistiaid. A gellir ychwanegu at y rhain ffactorau eraill a rwystrai ddatblygiad mudiad cenhadol tramor yn y cyfnod, megis cryfder Pabyddiaeth ac Islâm ar y pryd, gwendid cymharol Ewrop yn economaidd ac fel arall oherwydd y rhyfela di-baid a'i nodweddai, ac arafwch dulliau teithio cyn dyfeisio peiriannau ager.

Ond o tua 1760 ymlaen y mae llwyddiant byd-eang yr efengyl yn dechrau mynd â bryd Williams Pantycelyn yn gynyddol. Y mae 1762 yn drobwynt pwysig eithriadol yn hanes y mudiad Methodistaidd, a hanes Cristnogaeth yng Nghymru yn gyffredinol. Dyma flwyddyn Diwygiad grymus Llangeitho, 'y Diwygiad pendant, gweddol gyffredinol cyntaf (o bosibl)' yn hanes Methodistiaeth Gymreig, yn ôl R. Geraint Gruffydd. Gellir blasu peth o gyffro'r diwygiad hwnnw yn ysgrifennu trydanol Pantycelyn yn ei ddau lyfryn rhyddiaith, *Llythyr Martha Philopur* (1762) ac *Ateb Philo-Evangelius* (1763):

[Bu] Duw yn ddieithr iawn yn y wlad ers blynyddau hirion . . . nos, nos, oedd trwy'r holl eglwysi . . . Ond O! Martha, Martha, yn awr fe wawriodd y dydd . . . Mae'r Deau a'r Gogledd yn mofyn un brenin, a'i enw yn un, Iesu frenin y Saint! Pan gododd Haul y Cyfiawnder . . . fe oleuodd y wlad gan ei lewyrch. Disgwyliad amryw weinidogion oedd gweld yr awr; yr oedd mil o ochneidiau am i'r Haul godi. O'r diwedd daeth; 'ein galar a drôdd yn ddawns'; gwrando gair y bywyd sydd fwy melys na ffair a marchnad . . . Mae cwsg wedi ffoi. Mae blys at fwyd a diod wedi ei lyncu i fyny mewn mawl a chaniadau . . . O hafddydd! fe ddaeth, fe ddaeth.

Yn cydredeg â Diwygiad Llangeitho, bu cymodi rhwng pleidiau Harris a Rowland. Yn y cyfnod hwn hefyd cyrhaeddodd Williams Pantycelyn ei aeddfedrwydd fel emynydd. Y mae cyflwr ysbrydol y crediniwr a'i ofal dros lwyddiant yr efengyl yn cydblethu, wrth reswm, a chyda'r newid yn y cywair ysbrydol yn y 1760au nid yw'n syndod gweld y dymuniad am lwyddiant byd-eang yr efengyl yn cael lle amlycach yng ngwaith Williams, er mai prif fyrdwn ei emynau o hyd yw ymwneud yr unigolyn â'i Dduw – 'eschatoleg bersonol . . . yn hytrach nag eschatoleg gyffredinol', ys dywed Dewi Arwel Hughes.

Rheswm arall paham y mae llwyddiant byd-eang yr efengyl yn mynd â bryd Williams yn gynyddol yn y cyfnod hwn yw oherwydd bod ei syniad am ledaeniad yr efengyl yn gysylltiedig â'i ddiwinyddiaeth ynghylch diwygiad. Gwelai lwyddiant byd-eang yr efengyl nid yn nhermau anfon cenhadon dramor yn gymaint ag yn nhermau adfywiadau grymus yn gyrru'r efengyl ar led fel ei bod yn gorlifo o'r naill wlad i'r llall. Fel y dywed Dewi Arwel Hughes:

Meddyliai [Williams] am ddylanwad y diwygiad yn lledaenu allan o'r gwledydd lle y dechreuodd, fel cylchau yn ehangu allan o'r pwynt y teflir carreg i lyn llonydd. *Un* genhadaeth sydd yn ôl Williams. Ni allai feddwl am waith cenhadol yn nhermau ffurfio cymdeithas arbennig yn gysylltiedig â'r eglwys i anfon cenhadon ymhell dros y môr. Yn hytrach meddyliai am y genhadaeth fel rhywbeth sy'n dechrau wrth ein traed.

Ac os oedd marweidd-dra a thywyllwch ysbrydol Cymru yn y 1750au wedi peri i Williams gredu nad oedd yr amser yn aeddfed eto ar gyfer llwyddiant byd-eang yr efengyl, creodd y bwrlwm ysbrydol a ddaeth yn sgil Diwygiad Llangeitho obaith ynddo y gallai'r 'hafddydd' fod gerllaw ar gyfer y byd yn grwn, ac nid Cymru yn unig.

Rheswm pellach dros y sylw cynyddol i lwyddiant byd-eang yr efengyl Gristnogol o'r 1760au cynnar ymlaen oedd fod Williams yn y cyfnod hwnnw yn paratoi ei waith mawr ac uchelgeisiol, *Pantheologia, neu Hanes Holl Grefyddau'r Byd*. Y mae hwn yn glamp o lyfr, yn 654 o dudalennau i gyd. Ymddangosodd mewn saith rhan rhwng 1762 a 1779. Dechreuir drwy sôn am grefyddau paganaidd ar draws y byd, yn Affrica, America ac Asia. Yna eir ati i drafod Mohametaniaeth ac Iddewiaeth, cyn symud ymlaen i drafod arferion yr Eglwys Babyddol, ac yna'r Eglwys Roegaidd, ac yn olaf yr Eglwys Brotestannaidd. Y mae'r gyfrol yn llawn gwybodaeth ac yn dangos tipyn o ôl darllen. Yn ogystal â hanes a daliadau'r gwahanol grefyddau, ceir ynddi lawer iawn o fanylion am hanes, daearyddiaeth ac arferion y gwledydd y sonnir amdanynt.

Llyfr annisgwyl o wrthrychol yw *Pantheologia*. Diben addysgol sydd iddo, yn hytrach na bwriad defosiynol neu bolemig. Mewn hysbysiadau ar gyfer y llyfr pwysleisia Williams y nod addysgol hwn, ac y mae'n bur ddilornus o ddiffyg gwybodaeth y Cymry. Meddai ym 1764:

Os bydd yr awdwr byw cyhyd â gorffen hyn o waith, fe fydd gan y Cymro uniaith am 3 swllt, neu 4, llyfr ag y roddo iddo hanes o'r holl fyd, ei grefyddau, ei arferion, ei foesau, ei drysorau a'i farsiandaeth, cystal ag fydd gan y Sais am dair punt neu bedair. Mae yn drueni fod cyn leied gwahaniaeth rhwng Cymro gwyn uniaith ym Mhrydain a mwnci gwyn yn yr India, pan mae un yn berchen enaid a rheswm a'r llall heb un; eto y cyntaf [sef y Cymro] nid yw ond gofalu am ei fol, a gwneuthur fel y gwelodd ef eraill yn gwneuthur, heb geisio helaethu na gwrteithio ei ddeall na'i reswm mewn pethau ysbrydol na thymhorol.

Ac un rheswm pwysig a rydd Williams dros 'wrteithio'r deall a'r rheswm' yw er mwyn meithrin eangfrydedd a goddefgarwch. Meddai yn y rhagymadrodd i *Pantheologia*:

Mae anwybodaeth y Cymry nid yn unig yn ddigon abl i amddiffyn, ond hefyd i annog y fath waith â hwn . . . Pwy bynnag a ystyrio nad oes ardal o fewn Ewrop (os gŵyr Cymry uniaith pa beth yw Ewrop) â chyn lleied llyfrau hanesion gwlad ac eglwys ynddi, yn eu hiaith eu hunain, ag sydd yng Nghymru, nis gall lai na gweled yr eisiau o hwn . . . [Mae] diffyg gwybodaeth o'r Ysgrythurau, o egwyddorion crefydd, o hanesion eglwysig, o ddiwygiadau, o gyfeiliornadau, o heresïau, opiniynau, sectau, disgybliaethau ym mhob oes, yn ateg gref i ddal i fyny, nid yn unig deyrnas anghrist yn y byd, ond hefyd sêl bartïol, rhagfarn, anghariad, hunan-dyb, hunan-ymorffwysiad, mewn gwir eglwysi.

Fel y nodwyd uchod, llyfr pur wrthrychol yw *Pantheologia*. Y mae'n syndod o ymataliol wrth ddisgrifio'r gwahanol grefyddau ac arferion y byddai Williams yn anghytuno'n chwyrn â hwy; ac er bod Pantycelyn yn traethu'n fwy goddrychol ar brydiau, y mae'r trafod at ei gilydd ar lefel ddigon ffeithiol. Fel y dywed Dewi Arwel Hughes:

Ni cheir yr argraff [yn *Pantheologia*] ei fod yn teimlo i'r
byw fod y fath lu o baganiaid yn byw mewn
anwybodaeth o wirioneddau'r efengyl. Ni ellir dweud ei
fod yn *teimlo* y gair 'byd' neu 'pagan' fel y gwnâi
William Carey er enghraifft. Er na ddylid dirmygu'r
ffaith fod Williams wedi dwyn bodolaeth y paganiaid i
sylw'r Cymry Cymraeg – oblegid heb ymwybyddiaeth o
angen ni ellir gwneud dim i'w ateb – eto ymddengys ei
agwedd tuag atynt braidd yn ddideimlad.

Dichon mai un o'r rhesymau am hyn oedd y ffaith na
chredai Williams Pantycelyn fod yr amser wedi dod eto i'r
Cenhedloedd droi at Grist ar raddfa eang. Fel y nodwyd
eisoes, ni chredai Williams mai trwy ryw ddyfal donc araf-
deg y câi'r 'Gobaith Piwritanaidd' ei gyflawni. Credai ef, o
ran ei brofiad ef ei hun ac o ran ei ddeall!twriaeth o hanes yr
eglwys, mai trwy adfywiadau yn bennaf y câi'r eglwys ei
helaethu ac y lledaenid yr efengyl ar draws y byd. Ac er ei
hyder yn addewidion Duw am lwyddiant byd-eang yr
efengyl, ac er ei ddiwydrwydd gartref fel efengylydd, y mae
Williams fel petai'n cael ei rwystro rhag ymroi i achos
cenhadu tramor gan y disgwyl hwn am ymyrraeth Duw cyn
bod modd symud ymlaen yn effeithiol, a hefyd gan ei
anobaith am unrhyw lwyddiant gwirioneddol heb yr
ymyrraeth uniongyrchol hwnnw gan Dduw. Fel y dywed yn
ei ragymadrodd i *Pantheologia*: '[Nid] oes ond gallu Duw, ac
amser Duw, a ddaw â dyn neu genedl i gredu yng Nghrist.'
Ac yn achos cenhadu tramor, nid oedd amser Duw, yr amser
i weithredu, wedi dod.

Er hynny, yn y 1760au, gwelwn weddi Williams am
lwyddiant byd-eang yr efengyl yn dwysáu. Ymddangosodd y
rhannau o'r *Pantheologia* a oedd yn ymwneud â chrefyddau
heblaw Cristnogaeth yn ystod y cyfnod rhwng 1762 a 1769.
Yn ystod yr un cyfnod (1763–69) y cyhoeddwyd, mewn tair
rhan, ail gasgliad mawr ei aeddfedrwydd fel emynydd,
Ffarwel Weledig, Groesaw Anweledig Bethau. Ac y mae'n

arwyddocaol mai yn y casgliad hwnnw y ceir y rhan fwyaf
o'i emynau ar thema llwyddiant byd-eang yr efengyl. Os
oedd *Pantheologia* hytrach yn ffeithiol, yn *Ffarwel Weledig*
gwelwn ei galon yn curo. Oherwydd yr emynau hyn yw ei
weddïau, megis, dros lwyddiant yr efengyl ar draws y byd.

Y mae'r adran genhadol yn *Llyfr Emynau y Methodistiaid*
(1927), rhifau 394–430, yn ddetholiad eithaf da o oreuon
emynau cenhadol oes Williams Pantycelyn. Ac eithrio
cyfieithiad John Williams, 'Dros y bryniau tywyll niwlog',
ceir saith emyn gan Bantycelyn yn y detholiad. Daw tri o'r
saith (399, 402, 419) o ran gyntaf y casgliad *Ffarwel Weledig*
(1763). Daw tri arall wedyn (413, 420, 421) o ail ran ei
gasgliad emynau nesaf, *Gloria in Excelsis* (1772). Ac i
ddangos nad oedd ei ffydd a'i obaith yn llwyddiant byd-eang
yr efengyl wedi darfod erbyn 1781, dyma ddau bennill
agoriadol casgliad bychan o emynau a gyhoeddodd yn y
flwyddyn honno (rhif 408 yng nghasgliad 1927; dylid nodi
mai'r gair 'Haleliwia' yn unig a geir yn llinellau 2, 4, 6 ac 8
y ddau bennill yn argraffiad 1781):

> Y mae'r dyddiau'n dod i ben –
>   Dyddiau hyfryd,
> Y dyrchefir Brenin nen
>   Dros yr hollfyd;
> Fe â dwyfol angau drud
>   Pen Calfaria
> I ardaloedd pella'r byd:
>   Haleliwia.
>
> Fe bregethir Iesu a'i ras,
>   Mewn awdurdod,
> Yn yr India eang fras
>   Yn ddiddarfod;
> Fe â sŵn yr utgorn clir
>   Hyd yr eitha',
> I'r gorllewin anial dir:
>   Haleliwia.

Canolbwyntio ar Williams Pantycelyn yr ydym yma, ond y mae'n werth cofio bod emynwyr eraill yn y ddeunawfed ganrif yn canu yn yr un cywair. Dyna Morgan Rhys, er enghraifft, a'i 'Helaetha derfynau dy deyrnas', a'r Bedyddiwr, William Lewis, Llangloffan, a'i 'Aed grym efengyl Crist yn nerthol trwy bob gwlad'. Y mae'r Annibynnwr Dafydd Jones o Gaeo ymhlith y taeraf wrth annog pawb ym mhob man i ddod at Grist; ac y mae ei gyfieithiad o emyn enwog Isaac Watts, 'Jesus shall reign where'er the sun', yn ein hatgoffa nad yng Nghymru yn unig yr oedd y 'Gobaith Piwritanaidd' yn fyw ac yn iach yn y ddeunawfed ganrif.

Er mai yn y casgliad emynau *Ffarwel Weledig* y ceir y rhan fwyaf o emynau Williams ar thema'r 'Gobaith Piwritanaidd', nid yw'n annisgwyl (fel y gwelwyd uchod) fod rhai emynau ar y thema i'w gweld yn ei gasgliad nesaf o emynau Cymraeg, *Gloria in Excelsis* (1771–2), oherwydd ym 1771 ymddangosodd hysbyseb ar gyfer llyfryn a fyddai'n cynnwys mynegiant llawnaf Williams Pantycelyn o'r 'Gobaith Piwritanaidd'. Ei deitl oedd *Aurora Borealis; neu, Y Goleuni yn y Gogledd, fel Arwydd o Lwyddiant yr Efengyl yn y Dyddiau diweddaf (Neu, Shecinah'r Mil Blynyddoedd)*, ac fe'i cyhoeddwyd ym 1774. (Disgleirdeb gogoniant yn amlygu presenoldeb Duw, yn enwedig ar ffurf cwmwl goleuni, yw'r Shecinah.)

Yn nechrau'r 1770au yr oedd yr 'Aurora Borealis' – y Goleuni yn y Gogledd – i'w weld mewn ffordd arbennig o drawiadol dros Brydain, a'i oleuadau amryliw yn dawnsio ac yn chwarae trwy'i gilydd yn yr awyr. Nid arwydd o ddiwedd y byd oedd hwn i Williams Pantycelyn, oherwydd ni chredai y deuai hynny cyn i'r efengyl lwyddo'n fyd-eang ar raddfa eang. Fe'i gwelai yn hytrach yn arwydd fod y llwyddiant hwnnw gerllaw. Dyma ran o'i ddisgrifiad o ddawnsio'r goleuni a'r arwyddocâd ysbrydol a welai ynddo:

> Y peth mwya rhyfedd yn y goleuni hwn yw y chwarae sydd ynddo; y dawnsio, y gwau trwy ei gilydd . . . Rhyw

Aurora Borealis:

NEU,

Y Goleuni yn y Gogledd,

Fel Arwydd o

Lwyddiant yr Efengyl

Yn y Dyddiau diweddaf,

(Neu, *Shecinah* 'r Mil Blynyddoedd:)

Mewn dull o Lythyr oddi wrth

Ermeneus y Lladmerydd,

AT

Agrupnus y Gwiliedydd.

MATH. xxiv. 30.
Ac yna yr ymddengys arwydd Mab y dyn yn y nef.
LUC xxi. 11.
Ac arwyddion mawrion fydd yn y nef.

Gan WILLIAM WILLIAMS.

ABERHONDDU,
Argraphwyd dros yr AWDWR, gan E. EVANS
Lle gellir cael Argraphu pob matï o Gopiau am
Bris rhefymmol, a chael ar werth amryw
Lyfrau Cymraeg a Saisnaeg, &c.
M, DCC, LXXIV.

17 Wynebddalen William Williams, *Aurora Borealis* (Aberhonddu, 1774).

chwarae bywiog, tangnefeddus sydd ynddo: y mae colofn wen yn gyrru ei hun i mewn i gwmwl du, megis pe bai bregeth olau yn gwneud i dywyllwch deall ffoi, ac ymhen hanner munud colofn goch yn cymryd lle y wen, megis pe arwyddocâi fod dynion newydd eu goleuo gan yr Ysbryd Glân i gael golwg ar y cyfiawnder tragwyddol, a phechod wedi ei faeddu yng ngwaed yr Oen. Mewn moment eilwaith y dawnsia y glas, y coch, y rhudd, y gwyn a'r melyn trwy ei gilydd, megis pe arwyddocâi gwmpeini o gredinwyr yn llawenhau, yn gorfoleddu, yn bendithio, ac yn canmol Awdwr iachawdwriaeth pechaduriaid truenus.

Un o resymau pennaf Williams dros gredu bod hyn yn arwydd o lwyddiant byd-eang yr efengyl oedd fod y Diwygiad Efengylaidd wedi codi yng ngogledd y byd – yn Ewrop a Gogledd America – yn ystod y ddeunawfed ganrif; a chredai Williams fod y ffordd yr oedd 'y Goleuni yn y Gogledd', yr 'Aurora Borealis', yn awr yn cynyddu tua'r deau yn arwydd o'r ffordd yr oedd y goleuni ysbrydol a gododd gyntaf yn y gogledd yn awr yn mynd i ledu tua'r de nes cylchynu'r byd i gyd. 'Yr wyf yn barod i gredu', meddai, 'bod haf gerllaw.'

Un rheswm arall, o bosibl, dros ei hyder fod y wawr ar dorri oedd ei fod yn dyst yn yr union gyfnod hwnnw i ymdrechion cenhadol pendant yn y cylchoedd y symudai ynddynt, oherwydd rhwng 1769 a 1772 cafwyd sawl ymgais i anfon myfyrwyr o Goleg Trefeca yn genhadon tramor – i Indonesia ac i blith yr Americaniaid brodorol a'r caethweision duon yn Georgia – ac adlewyrchir hyn yn emynau Williams yn y cyfnod, yn eu plith 'O'er those gloomy hills of darkness'. Fel y gwelwyd eisoes, dywedir i'r emyn hwnnw gael ei lunio ar gais Arglwyddes Huntingdon ar gyfer achlysur neilltuol, ac nid yw'n amhosibl mai ymadawiad rhai o fyfyrwyr Coleg Trefeca ar gyfer gwaith cenhadol dramor oedd yr achlysur hwnnw. Ni fu fawr o lewyrch ar waith cenhadol myfyrwyr Trefeca, ond ar ddiwedd ei oes parhâi Williams i sôn yn hyderus am y 'Gobaith Piwritanaidd'. Meddai ym Medi 1787 wrth ysgrifennu at Thomas Charles o'r Bala:

For the fullness of Gentiles shall come in, viz. the Gentiles round the globe, black, white, yellow, orange, tawny, shall hear of a crucified Saviour, and shall believe in him . . . Thus all the Gentile world shall receive ye gospel and believe. Then drowsiness shall fall on them; and in the time of their drowsiness, decay and backsliding, the Jews shall awake round the globe and believe; and then the sleeping Gentile church shall be roused up by ye zeal, love and faith and catch ye fire, so that the whole world will be on a blaze.

Deil Dewi Arwel Hughes mai 'breuddwydio yn ddamcaniaethol braidd a wnâi Williams' am ledaeniad byd-eang yr efengyl. 'Gweledydd' ydyw ac nid 'gweithredwr' yn ei dyb ef. Er bod tipyn o wir yn hynny, nid yw'n gwbl deg â Williams ychwaith, gan iddo (er enghraifft) gefnogi'r ymdrechion i anfon rhai o fyfyrwyr Coleg Trefeca yn genhadon yn nechrau'r 1770au. Ac fel 'gweledydd', bu gan Williams Pantycelyn le anrhydeddus yn natblygiad y mudiad cenhadol modern trwy gynnal a hyrwyddo'r 'Gobaith Piwritanaidd' yn ei waith a'i drosglwyddo i bobl megis Thomas Charles.

Os oedd Pantycelyn yn etifedd i'r Piwritaniaid ac i Griffith Jones, Llanddowror, yr oedd Thomas Charles, yn ei dro, yn etifedd i Bantycelyn. Yn wir, yn llythyrau Pantycelyn at Charles ar ddiwedd ei oes gwelwn yr henwr yn trosglwyddo mantell y ffydd i'r arweinydd iau. Ac yn sicr yr oedd Charles yn etifedd i Williams yn ei gred yn y 'Gobaith Piwritanaidd'. Gwelir hyn yn glir o ddarllen y cofnod dan y pennawd 'Mil' yn ei Eiriadur Ysgrythurol dylanwadol. Ac y mae'n arwyddocaol fod Charles, yng nghanol diwygiad grymus yn Y Bala ym 1791, y flwyddyn y bu farw Pantycelyn, yn ysgrifennu fel hyn at gyfaill yn Lloegr:

18 Cerflun o Williams Pantycelyn a ddadorchuddiwyd, ynghyd â
cherfluniau o ddeg o arwyr eraill, gan David Lloyd George yn Neuadd y
Ddinas, Caerdydd, ym 1916.

It is an easy and delightful work to preach the glorious gospel here, in these days . . . And I am not without hopes but these are dawnings of the promised millennium, and showers that precede the storm which will entirely overturn the kingdom of darkness.

Os yw'n iawn galw Williams Pantycelyn yn 'weledydd', yr oedd Thomas Charles yn sicr yn 'weithredydd' yn achos y mudiad cenhadol, fel yn achos sawl gwedd arall ar fudiad efengylaidd ei ddydd. Ym 1792 sefydlodd William Carey ac eraill Gymdeithas Genhadol y Bedyddwyr – gweithred a ystyrir bellach yn fan cychwyn y mudiad cenhadol Protestannaidd cyfoes. Gwnaed hynny yn rhannol dan ddylanwad ysgrifeniadau'r diwinydd enwog o Loegr Newydd (ond o dras Gymreig), Jonathan Edwards, a fu'n ddylanwad pwysig ar Williams Pantycelyn yntau. Buasai Williams Pantycelyn ac Arglwyddes Huntingdon farw yn y flwyddyn flaenorol, 1791, ac ni fuont felly yn dyst i'r bennod newydd ddeinamig hon yn hanes gwaith cenhadol tramor. Ond yr oedd Thomas Charles yng nghanol y bwrlwm.

'Oes y cymdeithasau' oedd oes Thomas Charles. Sefydlwyd pob math o gymdeithasau, rhai yn enwadol, eraill yn anenwadol, i hyrwyddo gweithgareddau efengylaidd o bob math. Yr oedd gan Charles gylch eang o gysylltiadau yn y byd efengylaidd trwy Brydain. Ar ben hynny, fel un o gaplaniaid Arglwyddes Huntingdon, treuliai wythnosau ar y tro yn Llundain yn rheolaidd o 1790 hyd ddiwedd ei oes yn gweinidogaethu yn ei chapel yn Spa Fields. Llundain oedd man cyfarfod arferol nifer o'r cymdeithasau efengylaidd hyn, a chan fod llawer o arweinwyr efengylaidd y dydd yn perthyn i sawl cymdeithas wahanol trefnid eu cyfarfodydd blynyddol a hanner blynyddol yn aml i ddilyn ei gilydd, fel y gallai'r arweinwyr hynny fynychu cyfarfodydd sawl cymdeithas yn ystod yr un ymweliad â Llundain.

Rhwng ei safle fel arweinydd amlwg yn y byd efengylaidd, ei gysylltiadau eang a'i ymweliadau cyson â Llundain, nid yw'n syndod fod Thomas Charles wedi chwarae ei ran yn achos nifer o'r cymdeithasau hyn. Yr enghraifft fwyaf adnabyddus, wrth gwrs, yw'r 'Feibl Gymdeithas Frutanaidd a Thramor', a'i nod o ddosbarthu Beiblau'n fyd-eang. Fe'i sefydlwyd ym 1804 yn sgil apêl gan Thomas Charles ym mhwyllgor cymdeithas arall yr oedd yn aelod ohoni, Cymdeithas y Traethodau Crefyddol. Ac un arall o'r cymdeithasau y bu Charles yn aelod amlwg ynddi, yn un o'i chyfarwyddwyr yn wir, oedd Cymdeithas Genhadol Llundain.

Sefydlwyd y gymdeithas honno – un o'r cymdeithasau cenhadol mwyaf dylanwadol a ffurfiwyd yn y cyfnod – ym 1795. Tynnai gefnogaeth sbectrwm eglwysig eang, gan gynnwys llawer o Gymry, yn enwedig o blith yr Annibynwyr a'r Methodistiaid Calfinaidd. Un o'r rhai amlycaf yn y gwaith o'i sefydlu oedd Thomas Haweis (1734–1820), clerigwr efengylaidd o Gernyw, cyfaill i Thomas Charles, un o gaplaniaid Arglwyddes Huntingdon, ac un a fu'n gysylltiedig â'r symudiadau cenhadol yng Ngholeg Trefeca ym 1772. Ar ôl sefydlu Cymdeithas Genhadol y Bedyddwyr ym 1792, dechreuodd rhai mewn enwadau eraill ystyried sefydlu eu cymdeithasau cenhadol eu hunain, ond dadleuodd Haweis ac eraill y dylid ffurfio cymdeithas genhadol efengylaidd anenwadol na fyddai'n amcanu at 'anfon allan yr un drefn na ffurflywodraeth eglwysig arbennig, namyn efengyl ogoneddus y bendigedig Dduw', a'u barn hwy a orfu yn y mater – dros dro o leiaf.

Yr oedd cyfarfodydd sefydlu Cymdeithas Genhadol Llundain ym Medi 1795 yn rhai gwefreiddiol, a'r gynulleidfa yng nghapel Arglwyddes Huntingdon yn Spa Fields yn eu dagrau wrth ganu emyn mawr Pantycelyn, 'O'er those gloomy hills of darkness', a'i fynegiant clir o'r 'Gobaith Piwritanaidd'. Dyma ran o ddisgrifiad yr Annibynnwr,

Morgan Jones, Tre-lech, o gyfarfod olaf y diwrnod hwnnw, yn ei gyfrol, *Y Dydd yn Gwawrio* (1798):

> Dyma gyfarfod gogoneddus! Cynifer o gannoedd o weinidogion efangylaidd o amryw bleidiau, yn uno yn wresog yn yr un addoliad, fel pe buasai rhagfarn wedi ei gyrru i uffern o'r byd, fel, pan ddywedodd Mr [David] Bogue yn ei bregeth, 'Fe'n galwyd yma heno i angladd rhagfarn, ac yr wyf fi yn gobeithio y cleddir hi mor ddyfned fel na chyfodo byth mwy', y dyrfa a amlygasant eu cyd-drawiad ag ef yn y cyfryw fodd, fel braidd yr ymataliasant rhag rhoddi bloedd gyffredinol o lawenydd.

Yn arwyddocaol hefyd, ychwanega Morgan Jones: 'Llawer o weinidogion, rhai oedd o'r blaen yn amau pa un a ddaethai'r amser i'r efengyl ehedeg, a gawsant eu boddloni yma.' Hynny yw, nid oeddynt yn awr, megis Williams Pantycelyn, yn edrych ymlaen at wawr y Milflwyddiant rywbryd yn y dyfodol; credent bellach, i adleisio teitl llyfryn Morgan Jones, fod 'y dydd yn gwawrio'.

Y mae'n werth nodi wrth fynd heibio fod gan y Chwyldro Ffrengig ym 1789 ran bwysig yn y newid agwedd hwn. Yn un peth, aeth ton o obaith dros Ewrop fod oes newydd yn gwawrio, oes aur o ryddid a chydraddoldeb; ac yng nghanol y rhyfela a ddilynodd y chwyldro, cafodd Pabyddiaeth ac Islâm sawl ergyd cas. 'Gorthrymwyr byd sy'n crynu i gyd', meddai'r Bedyddiwr, Morgan John Rhys, yn un o'i emynau yn y cyfnod hwn; ac mewn man arall dywed, 'Mae lle i obeithio mai hon fydd y rhyfel diwethaf a gymer le cyn teyrnasiad ysbrydol Crist yn y byd.'

'Y mae'n ddiamheuol fod y syniad am ryddid yn rhan annatod o weledigaeth genhadol llawer o'r gweithredwyr megis Morgan John Rhys', meddai Dewi Arwel Hughes, gan nodi ymhellach fod William Carey wedi croesawu'r Chwyldro Ffrengig yn dwymgalon a'i fod 'yn weriniaethwr o argyhoeddiad pan aeth allan yn genhadwr i'r India'. Tipyn mwy ceidwadol oedd safbwynt y Methodistiaid Cymreig, Thomas Charles o'r Bala, a'i gyfaill Thomas Jones o Ddinbych, ond gweithient hwythau yn ddyfal o blaid Cymdeithas Genhadol Llundain. Nid annisgwyl, felly, yw gweld nifer o emynau cenhadol ymhlith rhai Thomas Jones, ac er mai dim ond pedwar emyn ar hugain a ysgrifennodd David Charles, Caerfyrddin (brawd Thomas Charles), y mae'n drawiadol fod pump ohonynt yn ymwneud â lledaeniad yr efengyl.

Cyfareddwyd Thomas Haweis, fel William Carey, gan deithiau Capten Cook yn y Môr Tawel, ac nid rhyfedd, felly, mai Ynysoedd Môr y De oedd y dewis faes ar gyfer ymdrech genhadol gyntaf Cymdeithas Genhadol Llundain. Llwyddodd Thomas Charles i gael cenhadwr iddynt hefyd, sef un o'i ysgolfeistri ei hun, John Davies, gŵr o ardal Pontrobert, sir Drefaldwyn. Meddai John Davies yng nghwpled olaf y gerdd a anfonodd at ei gyfaill John Hughes ('mentor' Ann Griffiths) ym Medi 1797:

> Efengyl Iesu a lwydda dros wyneb eang fyd
> A'r sôn amdano a leinw y ddaear fawr i gyd.

Ac ymhen tair blynedd, sef erbyn 1800, yr oedd yn hwylio gyda'r ail fintai o genhadon Cymdeithas Genhadol Llundain i helpu i wireddu hynny trwy fynd â'r sôn am efengyl Crist i glyw pobl Tahiti, lle'r arhosodd am dros hanner canrif, yn fawr ei barch gan y brodorion.

Bu canlyniadau pellgyrhaeddol i ddeffroad cenhadol y 1790au oherwydd, er na welwyd yn y bedwaredd ganrif ar bymtheg y Milflwyddiant y credai Williams Pantycelyn a Thomas Charles ei fod gerllaw, gwelwyd Cristnogaeth Brotestannaidd yn lledu o'r gogledd ac yn cylchynu'r byd. Mewn geiriau eraill, yn y bedwaredd ganrif ar bymtheg a'r ugeinfed ganrif trowyd y ffydd Gristnogol yn ffydd fyd-eang ei deiliaid a'i dylanwad, gan achosi newid sylfaenol a syfrdanol i fap crefyddol y byd.

Bu gan Gymru le pur amlwg yn y symudiad cenhadol hwnnw. Fel y gwelir o droi yn unig at gyfrol G. Penar Griffith, *Hanes Bywgraffiadol o Genadon Cymreig i Wledydd Paganaidd* (1897), aeth degau lawer o genhadon o Gymru i bedwar ban byd, a daeth y byd i Gymru hefyd yn sgil y mudiad cenhadol hwn. Daeth enwau megis Madagasgar a Bryniau Casia mor gyfarwydd, bron, â Manceinion neu Birmingham, a daeth y blwch cenhadol a'r cwrdd gweddi cenhadol yn rhan amlwg o fywyd eglwysig Cymru am genedlaethau.

Bellach y mae'r mudiad cenhadol hwnnw wedi hen chwythu ei blwc yng Nghymru a'r 'Gobaith Piwritanaidd' yntau wedi hen ddiflannu o'r tir. Yn achos pobl efengylaidd, cofleidiwyd yn gynyddol safbwynt cyn-filflwyddol ganddynt yn y cyfnod rhwng tua chanol y bedwaredd ganrif ar bymtheg a chanol yr ugeinfed, ac yr oedd i hynny oblygiadau pwysig, yn enwedig efallai o safbwynt cynnydd pietistiaeth yn eu plith. Yn achos eraill, 'seciwlareiddiwyd' y 'Gobaith Piwritanaidd' trwy ei daflu i'r un pair â'r gred mewn Cynnydd, twf technoleg a gwyddoniaeth, Darwiniaeth a rhyddfrydiaeth ddiwinyddol nes esgor ar y math o optimistiaeth a gredai fod y byd yn symud yn ddiwrthdro at ryw fath o baradwys ddaearol.

Mewn darlith a gyhoeddwyd yn *Nhrafodion Anrhydeddus Gymdeithas y Cymmrodorion* am 1997, nododd Aled Gruffydd Jones fod gwaith cenhadol y Cymry yn India yn 'bwnc digon trafferthus, rywsut, anghyffyrddus hyd yn oed' i ni'r Cymry ei drafod, a hynny am amryw resymau gwleidyddol a chrefyddol. Y mae yn llygad ei le. Ond y mae yn llygad ei le hefyd wrth ein herio 'i ehangu ein syniadau ynglŷn ag ystyr y gwaith cenhadol yn India, a'i arwyddocâd yn ein hanes'. A gellir cymhwyso ei sylwadau i'r mudiad cenhadol yn gyffredinol. Gyda'r pellter amser

cynyddol sydd bellach rhyngom a'r mudiad hwnnw, daeth
yn hen bryd inni asesu o'r newydd gyfraniad y Cymry i'r
mudiad cenhadol ei hun ac i fywyd y gwledydd yr aethant
iddynt. Daeth yn bryd hefyd ailasesu dylanwad y mudiad
hwnnw ar fywyd Cymru. Dangosodd Aled Gruffydd Jones,
er enghraifft, y rhyngweithio a fu rhwng syniadaeth
ynghylch cenedlaetholdeb yng Nghymru a'r India yng
nghyfnod y genhadaeth, y modd y rhoes y genhadaeth broffil
cyhoeddus uwch i ferched yng Nghymru, a'i phwysigrwydd
o safbwynt datblygiad ysgrifennu 'taith' yn y Gymraeg. Yn
sicr, bu gan y mudiad cenhadol le llawer pwysicach yn y
gwaith o 'ryngwladoli' Cymru a'r Cymry nag yr ydym wedi
ei ystyried na'i gyfaddef. Dyna fwynglawdd ar gyfer
efrydwyr astudiaethau ôl-drefedigaethol a globaleiddio os bu
un erioed!

Er bod y mudiad cenhadol wedi chwythu ei blwc yng
Nghymru, y mae'r ehangu mawr ar Gristnogaeth yn fyd-
eang a ddechreuodd yn y 1790au yn parhau, yn enwedig yn
hemisffer y de, lle y gwelir eglwysi newydd yn agor mewn
rhannau o Dde America, Affrica a'r Dwyrain Pell yn gynt o
lawer nag y mae capeli'n cau yng Nghymru! Yn y llyfr
emynau cydenwadol newydd, *Caneuon Ffydd* (2000),
dilewyd y cyfeiriadau at genhedloedd a gwledydd a oedd i'w
gweld yn emynau cenhadol y ddeunawfed ganrif a'r
bedwaredd ar bymtheg. Swildod ynghylch yr holl syniad o
genhadaeth dramor yw un rheswm am hynny, ond yr oedd
yn benderfyniad cywir am reswm arall, oherwydd un o
eironïau mawr y mudiad cenhadol a daniwyd yn y 1790au,
ac a ysbrydolwyd gan Williams Pantycelyn ymhlith eraill,
yw ein bod yn dechrau gweld cenhadon Cristnogol yn dod i
efengylu Cymru o wledydd yr oedd y Cymry yn gyfrifol am
gyflwyno'r efengyl iddynt yn y lle cyntaf. Yn wir, nid yw'n
amhosibl o bell ffordd y gwelwn ymhen amser blant Tsieina
yn canu 'Draw, draw yng Nghymru . . .' neu eiriau cyffelyb.

DARLLEN PELLACH

E. Lewis Evans, *Cymru a'r Gymdeithas Genhadol* (Llundain, 1945).

R. Geraint Gruffydd, 'Diwygiad 1762 a William Williams o Bantycelyn', *Cylchgrawn Cymdeithas Hanes y Methodistiaid Calfinaidd*, 54, rhif 3 (1969); 55, rhif 1 (1970).

Dewi Arwel Hughes, 'William Williams Pantycelyn's eschatology as seen especially in his *Aurora Borealis* of 1774', *Scottish Bulletin of Evangelical Theology*, 4, rhif 1 (1986).

Dewi Arwel Hughes, *Meddiannu Tir Immanuel: Cymru a Mudiad Cenhadol y Ddeunawfed Ganrif* (Pen-y-bont ar Ogwr, 1990).

Garfield H. Hughes (gol.), *Gweithiau William Williams, Pantycelyn. Cyfrol II: Rhyddiaith* (Caerdydd, 1967).

John Hughes Morris, *Hanes Cenhadaeth Dramor y Methodistiaid Calfinaidd Cymreig* (Caernarfon, 1907).

Iain H. Murray, *The Puritan Hope: A Study in Revival and the Interpretation of Prophecy* (Llundain, 1971).

Gomer M. Roberts, *Y Pêr Ganiedydd [Pantycelyn]*, cyfrol 1 (Llandysul, 1949); cyfrol 2 (Llandysul, 1958).

Brian Stanley, *The Bible and the Flag: Protestant Missions and British Imperialism in the Nineteenth and Twentieth Centuries* (Caerlŷr, 1990).

Edwin Welch, *Spiritual Pilgrim: A Reassessment of the Life of the Countess of Huntingdon* (Caerdydd, 1995).

MICHAEL D. JONES
A'R IAITH GYMRAEG

Huw Walters

*A ydyw ein hiaith, ein harferion, ein crefydd a'n moesau
fel cenedl, ddim yn werth eu cadw i fyny?*

Michael D. Jones,
Y Cenhadwr, Rhagfyr 1848

Fel y gŵyr y cyfarwydd, ceir ym mhob siop lyfrau ail-law yng Nghymru bentyrrau o gofiannau i bregethwyr a gweinidogion Ymneilltuol y bedwaredd ganrif ar bymtheg. Cyhoeddwyd ugeiniau lawer o fywgraffiadau i bregethwyr adnabyddus – a rhai heb fod mor adnabyddus – yn enwedig yn ystod ail hanner y ganrif, a daeth y ffurf arbennig hon ar lenyddiaeth yn boblogaidd iawn ymhlith darllenwyr y cyfnod. Yn wir, yn ôl Saunders Lewis, y cofiant oedd y ffurf bwysicaf ar lenyddiaeth greadigol Gymraeg y bedwaredd ganrif ar bymtheg, a hynny, wrth gwrs, mewn oes pan oedd pregethu a gwrando ar bregethau wedi dod yn rhan annatod o fywyd cymdeithasol a diwylliannol cyfran helaeth, os lleiafrifol, o'r boblogaeth. Ac nid bychan fu dylanwad y gweinidogion hyn. Trwy ddefnyddio Cymraeg yr Ysgrythurau yn y pulpud, câi aelodau eu cynulleidfaoedd gyfle i ymgydnabod â Chymraeg rhywiog a chlasurol William Morgan. Caent gyfle hefyd i feithrin ac ymarfer eu doniau cyhoeddus mewn dosbarthiadau ysgol Sul ac yn yr amryfal gyfarfodydd crefyddol a seciwlar a oedd mewn cymaint bri mewn festri a chapel fel ei gilydd. Ac yr oedd i'r gwŷr hyn, waeth i ba enwad y perthynent, safle arbennig yn eu cymdeithas gan nad arweinwyr ysbrydol yn unig mohonynt. Hwy wedi'r cyfan oedd sefydlwyr a golygyddion y mwyafrif llethol o'r cylchgronau Cymraeg, a hwy a fu'n llywio barn ac yn dysgu safonau i'w darllenwyr. Bu William Williams (Caledfryn), er enghraifft, yn gyfrifol am olygu un ar ddeg o deitlau i gyd, ac Owen Jones (Meudwy Môn) yn olygydd cryn hanner dwsin o gylchgronau. Yr oedd eraill o'u plith, yn ogystal â bod yn weinidogion, yn argraffwyr ac yn gyhoeddwyr, megis David Rees yn Llanelli, John Jenkins yn yr Hengoed, Josiah Thomas Jones yng Nghaernarfon ac wedyn yng Nghaerfyrddin ac Aberdâr, Evan Griffiths yn Abertawe, a Hugh Jones yn Llangollen. Gellir rhestru yn eu plith hefyd rai o brif feirdd a llenorion y cyfnod, gwŷr fel William Rees (Gwilym Hiraethog) a William Thomas (Islwyn), dau a oedd yr un mor gartrefol ar y llwyfan eisteddfodol ag yr oeddynt yn y pulpud. Daeth cyfran fechan ohonynt yn ddiwygwyr cymdeithasol ac yn arweinwyr gwleidyddol yn ogystal, yn eu plith Evan Jones (Ieuan Gwynedd) a Samuel Roberts, gwŷr a oedd yn fawr eu sêl dros degwch a chyfiawnder. Ceid rhai cymeriadau digon brith hefyd, y mae'n wir, ond at ei gilydd bu dylanwad y pregethwyr a'r gweinidogion hyn yn fawr ac yn bellgyrhaeddol, a thasg anodd fyddai pwyso a mesur eu cyfraniad amlochrog i fywyd Cymru'r bedwaredd ganrif ar bymtheg.

Ond er mai Cymraeg oedd prif gyfrwng y gweithgarwch Ymneilltuol hwn, y mae'n eironig mai lleiafrif bychan o'r arweinwyr crefyddol hyn a ymboenai o gwbl am gyflwr, safle a dyfodol yr iaith. Yn wir, y mae'r gred gyffredin i'r Ymneilltuwyr fod yn gyson gefnogol i'r Gymraeg yn gwbl ddi-sail, oherwydd yr oedd cyfran helaeth o arweinwyr y prif enwadau nid yn unig yn ddifater yn ei chylch ond yn agored elyniaethus tuag ati hefyd. Yr oedd rhai ohonynt yn wrthwynebus ddigon at y sefydliadau diwylliannol a goleddai'r Gymraeg, fel y cymdeithasau llenyddol a'r eisteddfodau er enghraifft, yn enwedig yn nhraean cyntaf y ganrif pan ddechreuwyd cynnal y gweithgareddau hyn dan nawdd y capeli am y tro cyntaf. Mynegodd 'Philus', un o ohebwyr *Y Dysgedydd*, ei farn yn gwbl ddifloesgni yn rhifyn mis Chwefror 1825, sef na ddylid cyhoeddi dim am weithgarwch y mudiadau seciwlar hyn ar dudalennau'r cylchgrawn:

> Yn eich Cyhoeddiad clodwiw, yn nghyd ag amryw fanau ereill, yr wyf yn gweled ac yn clywed llawer iawn am Gymdeithasau ac Eisteddfodau, er cadw ac amddiffyn yr iaith Gymraeg; pa rai sydd yn cael mwy o le, na'r cyfarfodydd sydd er amddiffyn duwioldeb. Yr wyf yn credu fy mod mor awyddus, ac eiddigeddus dros yr hen iaith Gymraeg, ag un o'r rhai sydd yn aelodau yn y Cymdeithasau uchod: eto, yr wyf yn ystyried fod taro

19 Michael D. Jones a'r Parchedig Stephen Davies (1841–98), Caerfyrddin, golygydd *Y Celt*.

20 Michael D. Jones, a chopi o'r *Celt* yn ei law, gyda'i fyfyrwyr yn y Coleg yn Y Bala.

yn erbyn *pechod, ac amddiffyn duwioldeb,* yn fwy o bwys na chadw'r iaith yn ei phurdeb; ac mewn gair, yr wyf yn credu, Syr, fod y Cymdeithasau Cymreig yn *bechadurus,* ac o ganlyniad yn debyg o fod yn fwy o ddinystr i'n hiaith, na'i chadwraeth.

Y Gymraeg oedd iaith, ac yn aml iawn unig iaith, y mwyafrif o aelodau'r cynulleidfaoedd. Yr oedd yn rhaid ei defnyddio am ei bod yno, ond pennaf nod crefydd oedd nid coleddu na diogelu iaith ond yn hytrach achub pechaduriaid.

Ond yr oedd ystyriaethau eraill hefyd oherwydd ym 1824, prin flwyddyn cyn cyhoeddi llythyr 'Philus' yn *Y Dysgedydd,* yr oedd David Owen, a fu'n weinidog gyda'r Bedyddwyr cyn iddo ymuno â'r Annibynwyr a throi yn y pen draw at yr Eglwys Wladol, wedi cyhoeddi cyfres o erthyglau ar y Gymraeg yn *Seren Gomer.* Yr erthyglau hyn, a gyhoeddwyd dan y ffugenw 'Brutus' ac a fu'n achos cynnen a dadl ar dudalennau'r *Seren* am fisoedd lawer, a ddug eu hawdur i amlygrwydd am y tro cyntaf, ac wrth y ffugenw hwnnw yr adwaenid ef fyth wedyn. Ei nod oedd ymosod ar blwyfoldeb y Cymro uniaith a'i gymell i ledu ei orwelion drwy ddysgu Saesneg. Tybiai fod y Gymraeg yn rhwystr i'r Cymro cyffredin rhag cynyddu mewn gwybodaeth, ac fe'i hystyriai'n ddyletswydd ar y genedl i aberthu ei hiaith a'i dileu. 'Yr wyf yn gofyn i bob meddwl diduedd', meddai, 'pa un gwell ganddynt fod, yn Saeson enwog, neu yn Gymry anenwog?' Adleisiwyd y farn hon droeon gan nifer o'i gyd-weinidogion drwy gydol y ganrif.

Dwysaodd sefyllfa'r Gymraeg ac agweddau'r Cymry ati yn sgil cyhoeddi'r Llyfrau Gleision ym 1847, ac o ganlyniad dechreuodd y genedl fagu cymhlethdod ynglŷn â'i delwedd yng ngŵydd y byd. Yr oedd yn rhaid i'r Cymry brofi bellach nad cenedl o anwariaid mohonynt a'u bod yn llawn cystal â'r Saeson. Dyma pryd y daethpwyd i goleddu'r syniad mai drwy addysg a gwybodaeth gyffredinol y gallai'r Cymro cyffredin ddringo'n gymdeithasol a dod ymlaen yn y byd. Credai arweinwyr Ymneilltuaeth mewn addysg fel meddyginiaeth ar gyfer drygau cymdeithasol, ac yr oedd y gred mai anwybodaeth oedd gwreiddyn drygau'r oes yn gyffredin yn ystod y cyfnod hwn. Hunan-ddiwylliant – athroniaeth Samuel Smiles – a gariai'r dydd bellach, ac ystyrid addysg yn gyfrwng a alluogai'r Cymro bach distatlaf i godi yn y byd a gwella ei ystad. Ieuan Gwynedd, un o weinidogion yr Annibynwyr, yn anad neb arall oedd prif amddiffynnydd Ymneilltuaeth Gymraeg rhag ensyniadau'r comisiynwyr addysg, ac er na ellir amau ei deyrngarwch yntau i'r Gymraeg yr oedd ei grefydd a'i Ymneilltuaeth yn llawer pwysicach iddo. 'Er mor swynol ydyw acenion ein hen iaith hybarch i mi', meddai, 'llawer boddlonach fyddwn iddi hi drengu na breintiau crefyddol fy ngwlad.' Yr un oedd barn David Rees, gweinidog eglwys Annibynnol Capel Als, Llanelli, a golygydd *Y Diwygiwr*. Meddai yntau ym mis Hydref 1852:

> Er mor alarus ydym yn teimlo ar ôl hen Omeraeg seiniol a chyflawn, eto nis gallwn lai na gweled ei hangau yn amgylchiadau dyfodol ein gwlad. Ond trueni fydd i Annibyniaeth ac Ymneilltuaeth ddiflanu gyda hi o herwydd ystyfnigrwydd a phenbwleidd-dra ei charedigion. Dylai fod medrusrwydd parodol yn mhob rhan o'r Dywysogaeth i siarad iaith y Sais, a'i phregethu, fel y mae achos ar ryw droion agos yn mhob congl o'r wlad.

Ac yn ôl David Rees, ni allai dim atal tranc y Gymraeg beth bynnag, gan fod ei dyfodol yn llaw Rhagluniaeth.

Gŵr arall a goleddai syniadau cyffelyb oedd y Parchedig James Rhys Kilsby Jones, mab i ffermwr o ogledd sir Gaerfyrddin a fu'n weinidog ar eglwysi'r Annibynwyr ar wahanol adegau yn Kilsby ger Rugby, Birmingham a Llundain, cyn dychwelyd i Raeadr Gwy a Llandrindod yn ystod chwedegau'r ganrif. Cododd dŷ helaeth iddo'i hun ar y

21 Y Parchedig James Rhys Kilsby
     Jones (1813–89).

ffordd sy'n arwain i Abergwesyn o Lanwrtyd yn nyffryn
Irfon – tŷ y dywedir iddo dalu amdano ag arian a enillodd yn
darlithio ledled Cymru a thu hwnt. Diau mai Kilsby Jones
oedd prif ladmerydd athroniaeth Samuel Smiles yng
Nghymru'r cyfnod, a threuliodd oes gyfan yn ceisio cael y
Cymry i ddeall mai drwy ddysgu Saesneg yn unig y gallent
ymgyfoethogi. Yr oedd eisoes wedi traethu'n huawdl ar 'Yr
Anghenrheidrwydd o Ddysgu Seisoneg i'r Cymry' ar
ddalennau'r *Traethodydd* mor gynnar â 1849, ac ym 1863
enillodd wobr am draethawd ar 'Y Fantais a Ddeillia i'r
Cymro o Feddu Gwybodaeth Ymarferol o'r Iaith Saesneg' yn
Eisteddfod Y Rhyl. Ceisiodd ddadlau yno fod y Gymraeg yn
llestair i'r Cymro uniaith rhag gwella ei ystad. 'Os bydd y
Cymro yn deall Saesonaeg yn gystal â Chymraeg', meddai,
'bydd yn sefyll ar yr un tir yn gywir â'r Sais, ac mewn
meddiant, yn mhob ystyr o'r holl gyfleusderau hyny i
ddyfod yn mlaen yn y byd.' Bu'n lledaenu'r un syniadau yn

y wasg newyddiadurol yn ogystal, fel y gwelir yn ei lythyrau a gyhoeddwyd dan y ffugenw 'Glaswyn' yn *Y Byd Cymreig*, papur newydd wythnosol a gyhoeddwyd yng Nghastell-newydd Emlyn, ac yn ei golofn wythnosol 'O Fryniau Garth Madryn' yn *Y Tyst Cymreig*. Dangosodd hefyd ei fod yr un mor barod i gynorthwyo ei gyd-Gymry i feistroli Saesneg, ac ym 1864 cyhoeddodd lawlyfr yn dwyn y teitl *Cymhorth i Gymro i Gyrhaedd Gwybodaeth Ymarferol o Briod-ddull yr Iaith Saesoneg*. Bu'n rhygnu ar yr un tant hyd yn oed o fewn chwe blynedd i'w farw pan gyhoeddwyd ei erthygl 'Pa Un Ai Mantais Ai Anfantais i Gymru Fyddai Tranc yr Iaith Gymraeg?' yn rhifyn cyntaf *Y Geninen* ym 1883, lle'r adleisiodd farn David Rees, Llanelli, 'fod parhad iaith yn ddarostyngedig i ddeddfau rhagluniaeth, ac felly ni fedr dim arall ei lladd neu ei chadw'n fyw'.

Nid oedd syniadau fel y rhain yn ddieithr yng Nghymru'r cyfnod hwnnw, a chofiwn mai arweinwyr yr enwadau crefyddol a'u hyrwyddai. Y rhain oedd prif ffigurau'r pulpud Cymraeg yn eu dydd, gwŷr y tyrrai'r tyrfaoedd i wrando arnynt mewn cymanfaoedd ac uchel-wyliau enwadol, a chaent bob cyfle i ledaenu eu syniadau yng nghyhoeddiadau'r enwadau crefyddol. Cynrychiolent y farn gyffredin, a gwae'r sawl a feiddiai anghytuno â hwy. Ond ceid rhai eithriadau hefyd, ac ymhlith yr amlycaf o'r rhain yr oedd Michael Daniel Jones, mab Michael Jones, gweinidog yr Hen Gapel yn Llanuwchllyn – gŵr a drowyd o'i ofalaeth o ganlyniad i ddadl ddiwinyddol boeth ac a agorodd ysgol breifat yn ei gartref. Datblygodd yr ysgol hon yn y man yn athrofa neu'n goleg ar gyfer addysgu gwŷr ifainc i'r weinidogaeth Annibynnol, a lleolwyd hi yn nhref Y Bala. Parhaodd Michael Jones i weithredu fel Prifathro'r Coleg hyd ei farw ym mis Hydref 1853, ac fe'i hystyrid gan lawer yn ei ddydd yn ŵr difrifol ac ystyfnig a chanddo argyhoeddiadau cryfion iawn.

Ganwyd y mab, Michael Daniel Jones, yn nhŷ'r Hen Gapel yn Llanuwchllyn ym 1822, ac ar ôl cyfnod o addysg yn ysgol ei dad prentisiwyd ef i deiliwr yn Wrecsam. Ychydig fisoedd yn unig a dreuliodd yno, fodd bynnag, a dychwelodd i'r Bala yn y man a dechrau pregethu. Yn ystod y cyfnod hwn, y mae'n debyg, y daeth i gysylltiad â Hugh Pugh (Mostyn wedyn), a ddaeth i'r Bala ym 1826 yn gyd-weinidog â Michael Jones y tad, ac a fu wedyn yn weinidog yn Llandrillo gerllaw. Yr oedd Pugh yn radical digymrodedd. Ef a sefydlodd Gymdeithas Gwŷr Ieuainc Penllyn ac Edeirnion ym 1833, er mwyn lledaenu syniadau radicalaidd-grefyddol yn yr ardal. Yr oedd hefyd yn un o olygyddion y cylchgrawn radicalaidd a gwrth-eglwysig y rhoddwyd iddo'r teitl brawychus *Tarian Rhyddid a Dymchwelydd Gormes*, y cyhoeddwyd wyth o'i rifynnau ym 1839. Ac yn y cyhoeddiad hwn y cafodd gyfle i ymosod ar dreth yr eglwys a Deddfau'r Ŷd. Nid oes amheuaeth na ddylanwadodd syniadau Pugh ar y llanc ifanc, a phan gyflwynwyd tysteb i'r hen weinidog yn Llandrillo ym 1867 y mae'n arwyddocaol iawn mai Michael D. Jones ei hun a ddewiswyd i gyflawni'r gorchwyl hwnnw. Ac yntau'n ddeunaw oed, derbyniwyd ef i'r Coleg Presbyteraidd yng Nghaerfyrddin ym 1840, ac ymhlith ei gyd-fyfyrwyr yno yr oedd James Rhys [Kilsby] Jones y crybwyllwyd ei enw eisoes. Wedi pedair blynedd yng Nghaerfyrddin aeth Michael D. Jones i Goleg Annibynnol Highbury yn Llundain lle y bu'n astudio am flwyddyn.

Hon oedd awr anterth yr ymfudo mawr yng Nghymru ac o Gymru. Yn sgil suddo'r pyllau glo ac agor y gweithfeydd haearn yng nghymoedd Gwent a Morgannwg, cafwyd mudo ar raddfa fawr o fewn Cymru ei hun, gyda phobl yn dylifo o'r ardaloedd gwledig i'r cymoedd diwydiannol. Gadawai eraill Gymru wrth eu miloedd – i daleithiau Wisconsin, Pennsylvania ac Ohio yn America, ac yn ddiweddarach i feysydd aur Awstralia a thiroedd breision Seland Newydd. Yn wir, yr oedd nifer o deuluoedd o Lanbryn-mair a'r cylch eisoes wedi ymfudo i America yn niwedd y ddeunawfed ganrif, ac aelodau o deulu Michael D. Jones yn eu plith. Yna

ym 1837 ymfudodd ei chwaer i dalaith Ohio, ac nid oes
ryfedd i Michael D. Jones ei hun droi ei olygon at America
ar derfyn ei gwrs yng Ngholeg Highbury. Yno yr aeth ym
1848 a'i urddo'n weinidog ar eglwys Annibynnol Gymraeg
yn ninas Cincinnati, Ohio, ym mis Rhagfyr yr un flwyddyn.
Er mai prin dwy flynedd y parhaodd ei weinidogaeth
ymhlith Cymry Cincinnati, gan iddo ddychwelyd i Gymru
ym 1850, bu'r cyfnod hwnnw yn agoriad llygad ac yn addysg
iddo. Derbyniodd alwad i fugeilio eglwys Bwlchnewydd yn
sir Gaerfyrddin yn y man – yn olynydd i John Thomas, a
symudasai i Lyn Nedd ac i Lerpwl wedyn, a'r gŵr a ddeuai'n
brif elyn iddo ymhen ychydig flynyddoedd. Sefydlodd
gymdeithas lenyddol lwyddiannus ym Mwlchnewydd a bu'n
cynnal dosbarthiadau i astudio'r Gymraeg yno yn ogystal.
Fel eraill o'i flaen ac ar ei ôl, mabwysiadodd ei orgraff ryfedd
ei hun, ac er iddo lynu wrthi hyd ei farw methiant fu pob
ymdrech ar ei ran i ddenu ysgrifenwyr eraill i'w harfer.

Bu Michael Jones, y tad, farw ym 1853, a phenodwyd ei
fab yn olynydd iddo fel Prifathro'r Coleg yn Y Bala ddwy
flynedd yn ddiweddarach. Fe'i sefydlwyd yn weinidog
eglwysi'r Annibynwyr yn Y Bala a'r cylch yn ogystal.
Llafuriodd yn gydwybodol ddigon â'i ddyletswyddau fel
Prifathro ac fel gweinidog, ond cododd helynt ym 1862 pan
ddewisodd yr Annibynwyr ddathlu dauganmlwyddiant
diarddel dwy fil o weinidogion Piwritanaidd o'r Eglwys
Sefydledig drwy godi arian i adeiladu coleg newydd yn
Aberhonddu, a chanoli addysg ddiwinyddol yr eglwysi
Annibynnol yno. Ni fynnai Michael D. Jones hynny, fodd
bynnag, gan y golygai'r cynllun newydd gau ei goleg ef ei
hun, ac ymrannodd yr eglwysi Annibynnol yn ddwy garfan –
y naill dan arweiniad John Thomas, Lerpwl, a gynrychiolai
blaid y 'Cyfansoddiad Newydd', a'r llall dan arweiniad
Michael D. Jones, a gynrychiolai blaid yr 'Hen
Gyfansoddiad'. Cefnogwyr y 'Cyfansoddiad Newydd' a orfu
yn y diwedd; diswyddwyd Michael D. Jones ym 1879 a

22 Y Parchedig John Thomas (1821–91), Lerpwl, yn 41 oed.

phenodwyd Thomas Lewis yn Brifathro yn ei le. Er hynny,
mynnodd cefnogwyr yr 'Hen Gyfansoddiad' barhau i gynnal
coleg Annibynnol yn Y Bala a Michael D. Jones yn bennaeth
arno. O ganlyniad, bu gan yr Annibynwyr ddau goleg yn y
dref tan 1886 pan symudwyd coleg y 'Cyfansoddiad Newydd'
i Fangor. Achosodd yr helynt hwn deimladau chwerwon
iawn yn rhengoedd eglwysi'r Annibynwyr am flynyddoedd
lawer, ac ni chymodwyd John Thomas a Michael D. Jones o
gwbl.

Y mae'n wir dweud i ddyfodiad Michael D. Jones i'r Bala
greu cryn anniddigrwydd mewn rhai cylchoedd yn y dref, yn
bennaf oherwydd ei fod mor wahanol i bob gweinidog arall
o'i genhedlaeth. Ni fynnai dderbyn nac efelychu delwedd
gyffredin y gweinidog Ymneilltuol. Gwisgai'n gwbl wahanol
i'w gyd-weinidogion, ac nid oedd dilyn ffasiynau'r oes na
thorri cyt, fel y gwnâi cynifer o bregethwyr y cyfnod, o'r un
diddordeb iddo. 'Syml iawn oedd ei wisg', meddai un
sylwebydd amdano. 'Gwisgai ddillad brethyn cartref, clôs
pen-glin a dillad llwydion o wlanen Cymreig, ac esgidiau o
ledr Cymreig o waith llaw crydd gwlad. Nid oedd dim yn
offeiriadol nac yn bregethwrol yn ei ymddangosiad, ac yn
wahanol i'w gyd-weinidogion, ni wisgai gadach gwyn.' Fel y
dywedodd ei gofiannydd E. Pan Jones amdano, edrychai'n
debycach i hen ffarmwr gwledig nag i weinidog yr Efengyl a
phrifathro coleg. Eglurodd ei resymau dros wisgo fel y gwnâi
mewn erthygl ddiddorol a gyhoeddwyd wrth y teitl
'Nwyddau Gwisg y Cymry' yn *Y Celt* ym mis Mawrth 1888.
Credai nad oedd dim fel gwlân i ddiogelu'r cyfansoddiad
oherwydd fod gwisg o wlân yn oerach ar dywydd poeth ac
yn gynhesach ar dywydd oer. Ond yn ogystal â bod yn
ymarferol, credai mewn cefnogi economi cefn gwlad hefyd,
a chondemniai'r Cymry am ymollwng i ddilyn ffasiynau
Lloegr a chredu 'mai gwisgoedd Seisnig yn unig sydd yn
deilwng o wir foneddigeiddrwydd'. Gwisgai Michael D.
Jones farf laes yn ogystal – peth arall a oedd yn annerbyniol

iawn gan lawer o'r saint. Yn wir, pan oedd yn weinidog yn sir Gaerfyrddin, ysgrifennodd John Davies (Siôn Gymro), gweinidog Moreia, Llanwinio, ato ym mis Gorffennaf 1854 yn apelio arno i eillio'i farf am ei bod, yn ei dyb ef, yn llestair i'w weinidogaeth. Er ei fod yn Gymro mewn enw, yn Saesneg yr ysgrifennodd John Davies:

> You do not expect a note from me. Yet from a feeling of great respect for yourself I think it right in me to send you a line or two in reference to the animadversions which a great many of your neighbours make about the form which you make your Beard to assume. This, abstractedly considered, is a most trifling, unimportant affair. However, trifling as it is, it may be the means of impeding to a great extent your usefulness as a Christian Minister, and ultimately of destroying it altogether in an extensive sphere. This is no *trifling* business. Shall I beg you to ponder this subject in your mind, & to resolve to give no offence to your weaker brethren and sisters. I hope you are prepared to sacrifice every thing but principle and duty to your usefulness, and that you can not, for the world, sacrifice your usefulness to the form of your Beard. Excuse me for the Liberty I have taken, but I thought it necessary to write to you and state plainly the feeling there is in the neighbourhood of Bancyfelin and elsewhere about the matter.

Ni wyddom a atebodd y gweinidog ifanc y llythyr hwn ai peidio, ond gwyddom i sicrwydd na chymerodd unrhyw sylw ohono, oherwydd gŵr barfog fu ef hyd ei fedd.

Daeth Michael D. Jones yn destun siarad ymhlith trigolion tref Y Bala felly pan benodwyd ef yn Brifathro yno, ond ni phoenai ef ddim oll am hynny. Gŵr annibynnol ydoedd, yn gyndyn iawn i gydymffurfio ag arferion cymdeithasol a ystyriai ef yn ddibwys, ac yn un na fynnai dderbyn y ddelwedd gyffredin o'r gweinidog Ymneilltuol o Gymro. Yr oedd yn hollol wahanol, er enghraifft, i Lewis

Edwards, Prifathro Coleg y Methodistiaid yn y dref. Yr oedd Edwards, ar y naill law, yn ŵr *genteel*, syber a gwyliadwrus, yn cerdded y llwybr canol bob amser ac yn ymgorfforiad o'r gwerthoedd hynny y byddwn yn arfer eu cysylltu ag Oes Victoria. Ond yr oedd Michael D. Jones, ar y llaw arall, yn wladaidd ei wisg a'i osgo, yn gwbl gartrefol yn cynorthwyo'i gymdogion ar fân ffermydd y fro adeg cynhaeaf gwair, ac yn gwybod cryn dipyn am gadw gwenyn. Cynorthwyodd un o'i gymdogion i ysgrifennu *Y Gwenynydd*, sef llawlyfr defnyddiol ar y pwnc ym 1888. Ni faliai fotwm corn am neb na dim, a thraethai ei farn heb flewyn ar ei dafod pan fynnai.

Yr oedd yn wahanol i'r mwyafrif llethol o'i gyfoedion yn ei agwedd at y Gymraeg hefyd, a gwelir ei gyfraniadau cynharaf i'r drafodaeth ynghylch yr iaith mewn cyfres o bum erthygl o'i eiddo a gyhoeddwyd yn *Y Cenhadwr Americanaidd*, misolyn Annibynwyr Cymraeg America, rhwng mis Hydref 1848 a mis Ebrill 1849. Gweinidogaethai yn Cincinnati ar y pryd, a gwelodd yno fod y Cymry'n cael eu hanwybyddu a'u sarhau am na fedrent siarad Saesneg. Sylweddolodd hefyd fod y mwyafrif llethol o'r ymfudwyr o Gymru, o'u gwasgaru mewn gwahanol rannau o Ogledd America, yn colli eu gwreiddiau ac yn cael eu llyncu gan genedl fawr a'u troi'n Americaniaid yn yr ail a'r drydedd genhedlaeth. Wrth golli eu hiaith, collent hefyd eu crefydd a'u diwylliant, ac i Michael D. Jones yr oedd y Gymraeg ynghlwm wrth genedligrwydd y Cymry ac yn gwbl sylfaenol i barhad y genedl. Yn ei drydedd erthygl, a gyhoeddwyd yn rhifyn mis Rhagfyr 1848 o'r *Cenhadwr*, gofynnodd:

A ydyw ein hiaith, ein harferion, ein crefydd a'n moesau fel cenedl, ddim yn werth eu cadw i fyny? Ac onid yw hanes ein cenedl yr ochr hyn i'r Werydd, yn ogystal â'r ochr draw, ddim yn profi fod colli ein hiaith yn golli y tri arall i raddau yn agos ymhob amgylchiad, – yn llwyr ar lawer tro?

O ganlyniad, sefydlodd gymdeithas arbennig i gynorthwyo ymfudwyr o Gymru a'i galw'n 'Gymdeithas y Brython'. Y mae'n debyg mai dyma pryd y cafodd y syniad o sefydlu gwladfa ar gyfer y Cymry lle y gellid diogelu eu cenedligrwydd a'u nodweddion cenedlaethol eu hunain.

Ei syniad gwreiddiol oedd sefydlu'r wladfa yn Oregon yng ngogledd America, ond rhoes heibio'r cynllun hwn yn ddiweddarach, gan ddechrau ffafrio ei sefydlu ym Mhatagonia yn Ne America. Y mae stori'r fenter arwrol honno wedi ei hadrodd fwy nag unwaith bellach, a digon yw dweud yn y fan hon iddi gostio'n ddrud iawn i Michael D. Jones oherwydd, ac yntau'n brif noddwr, bu raid iddo werthu Bodiwan, ei gartref yn Y Bala, a'i ddyfarnu yn y pen draw yn fethdalwr. Aros yng Nghymru a wnaeth Michael D. Jones felly ac, er iddo barhau i hyrwyddo buddiannau'r Wladfa, yng Nghymru y bu'n cenhadu dros genedligrwydd ac iaith ei bobl. Gwelir ei ddatganiadau ynglŷn â'r Gymraeg ar dudalennau gwasg gylchgronol yr oes, mewn cyhoeddiadau fel misolyn bychan a checrus y brodyr John a Samuel Roberts, *Cronicl y Cymdeithasau Crefyddol*, a'r *Annibynwr*, cylchgrawn y bu Michael D. Jones yn gyd-olygydd iddo am gyfnod yn ystod y pumdegau. Bu hefyd yn gyfrannwr cyson i'r *Ddraig Goch*, misolyn a sefydlwyd yn arbennig ar gyfer trigolion y Wladfa, y cyhoeddwyd pedwar rhifyn ar hugain ohono yn Y Bala rhwng 1876 a 1877 dan olygyddiaeth Richard Mawddwy Jones. Cafwyd cyfraniadau ganddo hefyd yn *Y Celt*, papur newydd wythnosol a sefydlwyd gan bleidwyr yr 'Hen Gyfansoddiad' ym 1878 mewn gwrthwynebiad i'r *Tyst*, newyddiadur swyddogol yr Annibynwyr a olygid gan John Thomas, Lerpwl. Un o brif nodweddion *Y Celt* oedd ei arddull ymosodol, a bu mewn mwy nag un storm yng nghyfnod golygyddiaeth Dr E. Pan Jones pan ddaeth pwnc y tir, landlordiaeth a hunanlywodraeth i Iwerddon yn bynciau llosg ar ei dudalennau a phan wysiwyd y golygydd o flaen ei well am athrod fwy nag unwaith.

I Michael D. Jones, mater gwleidyddol oedd tynged y Gymraeg, a gwrthododd dderbyn bod yn rhaid iddi farw dan bwysau cynnydd a masnach neu oherwydd rhyw ddeddf ragluniaethol fel y mynnai Kilsby Jones a'i gymheiriaid. Fel y cyfaddefodd ef ei hun fwy nag unwaith, yr oedd ei gredoau gwleidyddol ynghlwm wrth ei argyhoeddiadau crefyddol. Credai fod y genedl yn atebol i Dduw yn unig, a brithir ei ysgrifau i'r wasg ag ymadroddion a dyfyniadau ysgrythurol, yn enwedig o'r Hen Destament. Er enghraifft, cyfeiriai yn ddieithriad at imperialaeth Lloegr fel y 'Babilon Fawr', ac at ei pholisïau tramor – polisïau a fygythiai annibyniaeth cenhedloedd eraill – fel 'Nimrodaeth'. Cenedl wedi ei goresgyn oedd Cymru hithau, a phwysleisiodd Michael D. Jones fwy nag unwaith nad oedd gan yr un genedl yr hawl i reoli cenedl arall. Dylanwadwyd arno gan esiampl Lajos (Louis) Kossuth, y cenedlaetholwr o Hwngari a fynnai fod gan bob cenedl yr hawl i'w rheoli ei hun. Daeth Kossuth a'i ddysgeidiaeth i gryn amlygrwydd yng Nghymru yn ystod y pumdegau cynnar, yn enwedig ymhlith rhai o weinidogion yr enwadau crefyddol. Cyhoeddwyd erthygl faith amdano gan Edward Roberts, un o gyfeillion Ieuan Gwynedd a gweinidog yr Annibynwyr yng Nghwmafan, yn *Yr Adolygydd* ym mis Rhagfyr 1851. Gwobrwywyd R. J. Derfel am ganu pryddest iddo ym 1852, a chyhoeddwyd *Hanes Louis Kossuth, Llywydd Hungari* yn llyfryn o waith awdur dienw gan gwmni Davies a Humphreys yn Y Bala yr un flwyddyn. Gwyddys bod Michael D. Jones yntau yn gyfarwydd â dysgeidiaeth Kossuth, fel yr oedd hefyd yn gyfarwydd â syniadau cenedlaetholwyr fel Garibaldi a Mazzini. Meddai mewn erthygl o'i eiddo ar 'Ymreolaeth' a gyhoeddwyd yn *Y Celt* ar 7 Mawrth 1890:

> Yr oedd y gwladgarwr Hungaraidd bydenwog Kossuth fel seren oleu yn ffurfafen Ewrop wedi tanio llawer enaid â'r athrawiaeth anfarwol o 'hawl pob cenedl i lywodraethu ei hunan', a rhwng dylanwadau mawrion

23 Lajos neu Louis Kossuth, y cenedlaetholwr o Hwngari.

1848, ac addysg Kossuth, nid yw cenhedloedd gor-
esgynedig Ewrop wedi ymdawelu hyd heddyw, ond
edrychant yn obeithiol yn mlaen at jiwbili pobloedd a
chenhedloedd gorthrymedig.

Yr oedd eisoes wedi datgan yn *Y Ddraig Goch* ym mis
Mehefin 1876 mai angen pennaf Cymru oedd addysg

wleidyddol. Credai mewn addysg fydol mewn ysgolion a cholegau, ond ceisiodd ddangos hefyd mai nod y rhain oedd codi'r Cymry i fyw ac i feddwl fel Saeson: 'Eu hamcan yw codi y Cymry i fod yn Saeson, ac nid codi Cymry fel Cymry. Eu nod yw difodi'r iaith Gymraeg, a'n gwneud fel cenedl yn fwy pwrpasol i amcanion Seisnig' . . . 'Mae arnom fel cenedl eisiau mudiad i gynhyrfu'r wlad o Gaergybi i Gaerdydd i weiddi am Senedd Gymreig yn Aberystwyth.' Ychydig flynyddoedd yn ddiweddarach sefydlwyd mudiad Cymru Fydd gan nifer o Gymry gwlatgar ifainc megis Thomas Edward Ellis, Owen M. Edwards ac eraill, ac yr oedd mynnu hunanlywodraeth i Gymru yn amlwg iawn ar raglen y mudiad. Yn wir, gobeithiai Michael D. Jones y byddai'r mudiad newydd hwn yn fodd i ddisodli'r Blaid Ryddfrydol yng Nghymru, gan ddatblygu'n blaid genedlaethol ac annibynnol a ymladdai dros hunanlywodraeth. Tybiai fod gwleidyddion Prydain yn rhanedig rhwng gwrthbleidiau Seisnig a fynnai reoli o Lundain, a chredai ymhellach mai ymreolaeth yn unig a allai sicrhau ffyniant y Gymraeg. Ond fe'i siomwyd yn ddirfawr gan benderfyniad mudiad Cymru Fydd i ymladd dros sicrhau datgysylltiad yr Eglwys Wladol, addysg, pwnc y tir a landlordiaeth yn hytrach na thros hunanlywodraeth.

Cenedl wedi ei goresgyn oedd Cymru yn ei dyb ef, a phwysleisiai mai un o effeithiau'r goresgyniad Seisnig oedd 'gwaseidd-dra' y Cymry. 'Mae goresgyniad wedi gwaseiddio'r Cymry yn ddirfawr', meddai, 'nes y maent mewn llawer o fannau yng Nghymru yn gweiddi am ddifodi'r iaith Gymraeg, a phob arferion Cymreig, ac y maent am lwyr blygu i oresgyniad y Saeson.' Ceisiodd ddangos mai canlyniad hyn oll oedd diffyg hunanhyder ymhlith y Cymry, eu hysbryd ofnus rhag mentro ac anturio, a'u hamharodrwydd i fod yn gyfrifol dros eu hamgylchiadau hwy eu hunain. 'Mae yr ysbryd ofnus hwn yn cadw y Cymry rhag hawlio eu hiawnderau', meddai yn *Y Ddraig Goch* ym mis Mai 1876, a chyfaddefai na wyddai ef am un genedl mor wasaidd dan haul na'r Cymry. 'Mae caethion wrth ymarfer â chaethiwed yn myned i garu a chusanu eu cadwyni', meddai, a thybiai mai gwaseidd-dra'r genedl yn anad dim arall a oedd yn bennaf cyfrifol am ddiymadferthedd a llesgedd y Gymraeg.

Yr hyn a'i cythruddai yn fwy na dim, fodd bynnag, oedd y duedd gynyddol ymhlith Ymneilltuwyr i sefydlu eglwysi a chapeli Saesneg yng Nghymru, a hynny nid yn unig yn ardaloedd Seisnigedig Gwent a glannau môr y gogledd, ond mewn trefi Cymraeg eu hiaith fel Llanelli, Caerfyrddin, Y Bala a Betws-y-coed yn ogystal. Ac, er mawr ofid iddo, yr oedd prif arweinwyr eglwysi'r Annibynwyr gyda'r mwyaf blaenllaw o blaid yr *English cause.* Ar flaen y gad yr oedd gwŷr dylanwadol fel David Rees, Llanelli, Thomas Rees, y gweinidog a'r hanesydd o Abertawe, John Thomas, Lerpwl, a Henry Richard. Un arall oedd John Roberts, un o weinidogion dylanwadol yr Annibynwyr yng Nghonwy ac un o frodyr Samuel Roberts, Llanbryn-mair. Fel hyn y dadleuodd ef yn rhifyn mis Gorffennaf 1866 o'r *Cronicl:*

> *Saesoneg* yw iaith Prydain, iaith ein llysoedd, ein masnach, iaith y genedl sydd yn codi yn ein hysgolion Cenedlaethol a Brutanaidd; ie, yr iaith sydd yn llifo dros ddyffrynoedd Cymru, a bron cyrhaedd penau ei mynyddau; ac os na wahoddir hi gan athrawon ein hathrofaau i bulpudau Ymneillduaeth, bydd crefydd ein hynafiaid wedi colli tir yn yr ugain mlynedd nesaf.

Dyma beth oedd wrth wraidd y brwdfrydedd hwn tros yr achosion Saesneg. Ofnai'r gwŷr hyn y byddai Ymneilltuaeth yn marw pe darfyddai'r Gymraeg ac y câi'r Cymry wedyn eu llygru gan Saeson anffyddiol. Prin flwyddyn wedi i John Roberts ysgrifennu'r geiriau hyn, gyrrodd John Davies, Caerdydd, lythyr at Henry Richard yn mynegi ei ofid fod brwydr Ymneilltuaeth Cymru bellach i'w hymladd ar dir ieithyddol. 'Nid ydyw y ffyliaid nad ydynt yn gwneud dim ond gweiddi "Oes y byd i'r iaith Gymraeg" yn deall arwyddion yr amserau', meddai. 'Mae bywyd Ymneilltuaeth yn Nghymru yn dibynnu ar helaethiad achosion Seisnig.' Perthynai John Davies i'r un *clique* o weinidogion yr Annibynwyr â Thomas Rees, Abertawe, a John Thomas, Lerpwl. Yn wir, yr oedd y tri yn gyfeillion mynwesol, a lluniodd John Thomas gofiannau digon darllenadwy i'r naill a'r llall. Ond dynion oedd y rhain na allai Michael D. Jones eu stumogi. Iddo ef, bradwyr diegwyddor oedd John Thomas a chefnogwyr yr achosion Saesneg. Codwyd Thomas ymhlith y Methodistiaid cyn iddo droi at yr Annibynwyr, a'i uchelgais fawr oedd gweld trefnu'r eglwysi Annibynnol ar batrwm Presbyteraidd, ac yr oedd hynny ynddo ei hun yn dân ar groen person fel Michael D. Jones a oedd yn Annibynnwr yng ngwir ystyr y gair. Yn ogystal, John Thomas, neu 'John Presbyterian' fel y galwai Michael D. Jones ef, a fu'n bennaf cyfrifol am sefydlu ym 1872 Undeb yr Annibynwyr Cymraeg – neu 'y Glymblaid' fel y mynnai Prifathro Coleg Y Bala ei alw – ac ni allai ef, fel Annibynnwr o argyhoeddiad, ddygymod â sefydliad fel hwnnw o gwbl.

A defnyddio iaith y cyfnod, yr oedd John Thomas yn un o'r 'gwŷr hynny a gododd o ddim' – yn ŵr y buasai Kilsby Jones a Samuel Smiles yn fwy na balch i'w arddel. Yn weinidog ar eglwys gref yn ninas gyfoethog Lerpwl, yr oedd yn arweinydd, yn drefnydd ac yn bwyllgorddyn wrth reddf, yn olygydd *Y Tyst*, wythnosolyn dylanwadol yr Annibynwyr ac yn ŵr a gynrychiolai bopeth a oedd yn atgas gan Michael D. Jones. 'Nid yw John Presbyterian yn credu llawer yng nghyngor yr Apostol – "heb roddi eich meddwl ar uchel bethau, eithr yn gydostyngedig â'r rhai isel radd"', meddai'n ddirmygus. 'Pwnc mawr dyfodol John yw mawredd daearol, cael digon o arian, *gentility*, capeli Saesneg a phob math o rodres daearol.' Ac i Michael D. Jones, Sais-addolwyr digywilydd a digydwybod oedd John Thomas a'i ddilynwyr oherwydd eu bod yn fwy na pharod i gynffonna i Saeson ariannog fel y miliwnydd W. D.

Wills, y gellid manteisio arno i gyfrannu'n hael i goffrau'r mudiadau a fynnai godi capeli Saesneg ledled Cymru. Ac i ddirwestwr a gwrth-ysmygwr ffyrnig fel Michael D. Jones, prin fod y ffaith i Wills wneud ei ffortiwn drwy fasnachu mewn tybaco wedi ennyn unrhyw edmygedd ato ym Mhrifathro Coleg Y Bala. Meddai'n ddirmygus amdanynt yn rhifyn mis Hydref 1876 o'r *Ddraig Goch*:

> Mae y duwinyddion sydd yn ein mysg yn apostolion capeli Seisnig yn mynych sôn am anuwioldeb beirdd a Chymreigyddion, a'u hergyd bob amser ar goryn Cymreigiaeth. Ni soniant am anuwioldeb y plant beilchion a godant, y merched pluog a diwaith a fagant, ond molant rhyw ddoctoryn bychan o Sais y dygwydd iddynt fod mewn ffafr gydag ef, a 'Saeson, Saeson, Saeson' sydd yn eu geneuau o hyd. Plygu yw hyn oll i fod yn wasaidd ddarostyngedig i oresgyniad Seisnig, a gwneud yn orphenol yn enw crefydd, yr hyn y mae cledd heb ei berffeithio eto. Yr oedd caethfeistri yr Unol Daleithiau yn galw am gymhorth crefydd i gadw caethion. Mae Dic Siôn Dafyddion Cymru yr un fath yn galw am gymhorth crefydd Crist i orphen goresgyniad ein gwlad.

Mynnai John Thomas a'i gefnogwyr y gallai'r achosion Saesneg hyn wareiddio'r Saeson dŵad a'u troi'n Ymneilltuwyr da – os di-Gymraeg – ond dadleuai Michael D. Jones ar y llaw arall mai effeithiau andwyol a gâi'r datblygiadau hyn ar foesau'r Cymry yn ddieithriad. Enghreifftiodd ei ddadl drwy gyfeirio at sefyllfa sir Faesyfed a Seisnigwyd ers rhai cenedlaethau – 'y sir fwyaf anwybodus o Efengyl, ac isaf ei moesau yng Nghymru', meddai yn *Y Celt* ar 17 Hydref 1890. Ychwanegodd ymhellach mai 'profiad Cymru yw bod ei Seisnigo yn ei phaganeiddio'. Nid oes ryfedd felly iddo fynd ati â'r fath frwdfrydedd i achub cam Robert Ambrose Jones (Emrys ap Iwan) pan ddigwyddodd ffrae fawr rhyngddo ef a Lewis Edwards Y Bala

ym 1881, a phan wrthododd Cymdeithasfa Llanidloes ei
ordeinio oherwydd iddo wrthwynebu'r duedd gynyddol
ymhlith y Methodistiaid Calfinaidd i sefydlu achosion
Saesneg yn yr ardaloedd Cymraeg.

Er mai ar gyfer dyrnaid o Saeson y sefydlwyd yr achosion
hyn yn aml iawn, yr oeddynt hefyd yn fodd i ddenu
siaradwyr Cymraeg eu hiaith yn aelodau o'u cynulleid-
faoedd er mwyn i'r cynulleidfaoedd hynny yn eu tro
chwyddo eu haelodaeth a thalu eu ffordd. Gwelid y Cymry
hynny yn y man yn graddol Seisnigo ac yn anghofio'u
gwreiddiau, neu yn 'ymfoneddigeiddio', ys dywedai Michael
D. Jones. Dyna fu tynged *Mrs Davey, Sunny Cottage, near
Carmarthen*, y wraig a bortreadwyd ganddo mewn darn o
ddychan deifiol a gyhoeddwyd yn *Y Geninen* ym mis Ionawr
1892. Agorodd Michael D. Jones ei bortread o Mrs Davey
trwy ddisgrifio amgylchiadau bydol gŵr ifanc o'r enw
Llywelyn Dafydd, teiliwr cyffredin a thlodaidd ddigon ei fyd
a drigai yn Nhy'nycoed, tyddyn bychan yn un o bentrefi
gogledd sir Gaerfyrddin. Ymserchodd Llywelyn Dafydd yn
un o ferched y fro a wasanaethai fel morwyn mewn plas ger
tref Caerfyrddin, a'r diwedd fu iddo ei phriodi. Symudodd y
ddau i dŷ helaeth yn Ffynnon-ddrain, tua milltir o
Gaerfyrddin. Yr oedd y wraig eisoes wedi treulio rhai
blynyddoedd yng ngwasanaeth teulu bonheddig nid nepell
o'r dref ac wedi gorfod dysgu rhywfaint o Saesneg drwy
gymysgu â theuluoedd o dras fonheddig. Gwen oedd ei
henw, ond mynnai gael ei galw'n 'Whitney', ac wedi'r
briodas â Llywelyn Dafydd mynnai gael ei hadnabod fel
'Mrs Lewelyn Davey, Sunny Cottage, near Carmarthen'.

Ganwyd pump o blant o'r briodas, sef Matilda Maud
Davey, Hamilton Alexander Davey, Ruffina Fransisco
Davey, Louis Ducus Davey a Ruthina Laura Davey, ac afraid
dweud na fedrai'r un ohonynt air o Gymraeg. Ac fel y gellid
disgwyl, ymaelododd y teulu cyfan yn un o gapeli Saesneg
Caerfyrddin. Ymhen ychydig, fodd bynnag, sylweddolodd

Mrs Davey fod gwŷr mawr tref Caerfyrddin yn edrych i lawr hyd yn oed ar y capeli Saesneg, a phenderfynodd y teulu cyfan ymadael â'r tŷ cwrdd i gael mawredd mwy yn yr Eglwys Wladol. Ac meddai Michael D. Jones, wrth gloi'r hanes mewn darn sy'n dangos yn eglur ei fod yn llythrennolwr o ran ei gredoau crefyddol:

Doethineb gwirioneddol yw i bawb gadw at drefn y Beibl: a phen y wraig yw y gŵr, medd yr Ysgrythurau. Yn nheulu Llywelyn Dafydd nid oedd yno ŵr a gwraig, ond gwraig a gŵr, – a'r wraig honno wedi meddwi ar Seisnigaeth. Yr oedd yn y wlad eglwysi llawer mwy gwybodus a chrefyddol nag eglwysi Seisnig Caerfyrddin, ond nid oeddent wrth fodd *Mrs Davey, Sunny Cottage, near Carmarthen*, am nad oeddent Seisnig; ac yn y diwedd yr oedd hi, meddai, wedi anghofio ei holl Gymraeg! Mae ei theulu yn rhy luosog o lawer yng Nghymru'r dyddiau hyn.

Yn ôl Michael D. Jones, ar ferched – 'y Dic Siônesau', chwedl yntau – yr oedd y bai yn amlach na pheidio am Seisnigo'u teuluoedd: 'y merched diles, sy'n rhodresa rhyw goeg addysg ddifudd er cuddio'u diogi, y rhai sy'n edrych gyda dirmyg ar ddyletswyddau buddiol bywyd, megis pobi, golchi dillad a'u trwsio, glanhau lloriau, coginio'n briodol, gwneud crysau, gwau hosanau a'u brodio'. Merched oedd y rhain gan amlaf a ddychwelai i Gymru ar ôl cyfnod byr o wasanaeth mewn tai bonedd yn Lloegr. 'Os digwydd iddi briodi', meddai, 'gofala na chaiff iaith ei gwlad ddyfod ar ei haelwyd, ac ym mawredd ei balchder a'i phenglogrwydd Dic Siônyddol diderfyn, cyndyn atalia'r Gymraeg i fod yn iaith y teulu.' Yr oedd yn fawr ei lach ar ffasiynau anymarferol yr oes yn ogystal – y *crinoline* neu'r *crwphwdwch*, chwedl yntau – a'r wraig fursenllyd honno a honnodd mai'r rheswm ei bod yn gwisgo cadwyn aur am ei gwddf oedd 'am ei bod yn bur gynnes'.

Byddai'n drwm ei lach ar weinidogion a phregethwyr y gwahanol enwadau crefyddol a oedd wrthi'n 'Dic Siôna' drwy godi eu plant yn ddi-Gymraeg ac yn gorseddu'r Saesneg fel prif iaith eu haelwydydd – er ei bod yn wir dweud mai yn Saesneg y gohebai ef ei hun yn ei ieuenctid â'r ferch a ddaeth yn wraig iddo yn ddiweddarach. Cyfeiriai hefyd droeon at Seisnigrwydd y colegau enwadol. Yr oedd diffyg ymwybod ynglŷn â'r Gymraeg yn wendid yn y sefydliadau hyn, a bu Michael D. Jones yn feirniadol iawn o ddiffyg addysg Gymraeg yng ngholegau'r enwadau, er mai Cymry Cymraeg oedd y mwyafrif llethol o'u myfyrwyr, er mai eglwysi Cymraeg a'u cynhaliai, ac er mai i'r weinidogaeth Gymraeg yr âi'r efrydwyr wedi cyfnod coleg. Cwynodd yn rhifyn 17 Hydref 1890 o'r *Celt* ynghylch 'ysbryd Seisnig' colegau'r Annibynwyr ym Mangor ac Aberhonddu, gan honni ar yr un pryd fod y ddau goleg fel ei gilydd wedi codi mwy o offeiriaid i'r Eglwys Wladol na'r un sefydliad addysgol arall. Ond ychwanegodd, â chryn falchder, 'nad oes yr un offeiriad wedi ei fagu yng Ngholeg y Bala'. Dylanwadodd y colegau hyn yn drwm ar eu myfyrwyr ac yr oedd cyfran helaeth ohonynt yn gwbl ddifater ynghylch y Gymraeg, fel y mynegodd yn *Y Celt* ar 24 Hydref 1890:

> Mae gweinidogion Efengyl wedi bod yn gymaint o apostolion Dic Siôn Dafyddion uchelffroen â neb. Daw rhyw golier bach o Forganwg, rhyw gono bach o was fferm o Sir Gaerfyrddin, neu gryddyn o Sir Aberteifi i Goleg Aberhonddu, a dysg ymwisgo'n foneddigaidd a throi ei ffon o gylch ei ben, a'i fenyg duon am ei ddwylo. Ar ôl gorffen ei amser yn y coleg, dichon y caiff rhyw alwad mewn rhyw eglwys, a phrioda wraig, ac alltudia iaith ei wlad oddi ar ei aelwyd. Cwyd ei blant yn anwybodus o'r Gymraeg os medr, neu yn medru rhyw Gymraeg clapiog, gan ystyried hynny yn foneddigeiddrwydd. Myn ddosbarth Saesoneg yn yr ysgol Sul, a'i wraig fydd yr athrawes. Amlheir y dosbarthiadau

Saesoneg, a bydd merched y diaconiaid mwyaf bonheddig yn athrawesau, a siaradant Saesoneg â'i gilydd yn barhaol, gan rannu'r gynulleidfa y bobl fonheddig (sef y Dic Siôn Dafyddion), a'r dosbarth isel, sef y bobl a lynant wrth eu hiaith. Gweiddir ymhen amser bod y bobl ifainc yn troi'n Saeson, a bod yn rhaid cael un gwasanaeth Saesneg, ac ni orffwysir hyd nes cael yr holl addoliad yn Saesoneg, ac alltudir y Gymraeg yn hollol o'r tŷ cwrdd er mawr anfantais i'r hen bobl â'i cododd.

Ond os cythruddid Michael D. Jones gan bleidwyr yr achosion Saesneg, gan ferched ffroenuchel a di-fudd a chan weinidogion gwrth-Gymraeg, fe'i cythruddid hefyd gan Seisnigrwydd y cwmnïau rheilffyrdd a gyflogai Saeson uniaith yn eu gorsafoedd, ac na fynnent gyflogi Cymry Cymraeg o gwbl hyd yn oed yn yr ardaloedd Cymreiciaf. Credai na ddylai neb gael gwasanaethu ar yr un rheilffordd nac yn yr un orsaf yng Nghymru oni fedrai siarad â'r trigolion yn eu hiaith eu hunain.

Saesneg, wrth gwrs, oedd unig gyfrwng swyddogol gweinyddu'r gyfraith yng Nghymru er dyddiau'r Ddeddf Uno ym 1536, a thair canrif yn ddiweddarach, ym 1847, gallai'r Llyfrau Gleision ddatgan: 'The evil of the Welsh language is obviously great in the courts of justice.' Ystyrid y Gymraeg yn gyfrwng i hyrwyddo anudoniaeth – trosedd y cyhuddid y Cymry o'i chyflawni droeon yn ystod y bedwaredd ganrif ar bymtheg gan rai o farnwyr amlycaf yr oes, gan gynnwys y Barnwr Homersham Cox, y gwrth-Gymreiciaf yn eu plith. Yr oedd y cyhuddiadau hyn yn erbyn gonestrwydd y Cymry yn dân ar groen Michael D. Jones, a chredai eu bod yn sarhad ac yn sen ar bob Cymro a feddai ronyn o hunan-barch. 'Pan yw cyfraith Seisnig yn cael ei gweinyddu yng Nghymru, mewn iaith nad yw'r bobl yn ei deall, y rhyfeddod yw fod cyn lleied o anudoniaeth', meddai yn Y Celt ar 12 Ebrill 1889. Ac nid oes amheuaeth na wadwyd cyfiawnder i'r Cymro uniaith droeon drwy gydol y cyfnod hwn yn sgil anwybodaeth barnwyr o'r Gymraeg. Chwech yn unig o'r rhai hynny o blwyfolion Llangwm a wysiwyd gerbron Llys yr Ustusiaid yn Rhuthun am eu rhan yn helyntion Rhyfel y Degwm ym 1887 a fedrai air o Saesneg, a chondemniodd Michael D. Jones y drefn anghyfiawn o gynnal yr achos yn yr iaith honno. Beth pe byddai'r Cymry yn trin y Saeson yn yr un modd, gofynnodd yn *Y Celt* y mis Hydref canlynol: 'Mae'n wir ein bod o dan yr un cyfreithiau, ond nid ydym yn cael yr un cyfiawnder na'n dymuniad. A gwneud dymuniad cenedl yw meddwl llywodraeth gyfansoddiadol'. Ymosododd hefyd ar Lys Chwarter sir Aberteifi ym mis Mai 1891, pan wrthodwyd galwad gŵr o dref Aberystwyth am ymddiswyddiad Willis Bund fel cadeirydd y llys oherwydd na fedrai air o Gymraeg a phan ataliwyd un o'r ynadon rhag annerch y llys yn yr iaith honno. Condemniodd Michael D. Jones fainc yr ynadon yn hallt, gan ddatgan na wyddent hwy fawr ddim am y gyfraith beth bynnag, a'u bod yno yn unig yn rhinwedd eu safle fel ysgwieriaid. At hynny:

> Ynad cyflogedig a dysgedig yn y gyfraith sy'n medru'r ddwy iaith y dylid ei ddewis, ac ni cheir cyfiawnder cyn hynny. Ond gan nad pa mor ddysgedig y byddo hwnnw, os na weinydda farn mewn iaith y mae'r bobl yn ei deall, ni fydd ei lys yn ymarferol yn llys agored, ac anghyfiawnder a thrais o'r math gwaethaf fydd ei weinyddiad o'r gyfraith mewn iaith annealladwy.

Rhoes groeso brwd i'r cynghorau sir newydd a ffurfiwyd gan Ddeddf Llywodraeth Leol, 1888, a phwysai ar etholwyr Meirion yn gyson i ethol cynghorwyr a siaradai Gymraeg. Enillodd ef ei hun sedd ar Gyngor Sir Meirion, ac un o'r pethau cyntaf a wnaeth oedd codi mater y Gymraeg a'i defnydd yng ngweithrediadau'r Cyngor. Ond gwaharddwyd y Gymraeg o Gyngor Sir Meirion gan Samuel Pope, y cadeirydd, wedi iddo ymgynghori â'r Twrnai Cyffredinol,

Richard Webster, a fynnodd mai Saesneg yn unig a ganiateid yn siambr y Cyngor, yn unol â geiriad Deddf Uno Cymru â Lloegr ym 1536. Yr oedd y cyfan yn brawf i Michael D. Jones mai'r nod oedd difodi'r Gymraeg yn gyfan gwbl, yn unol â pholisi'r llywodraeth Brydeinig.

Condemniodd hefyd yr arfer o drosi enwau lleoedd Cymraeg i'r Saesneg, ynghyd â'r duedd gynyddol ymhlith nifer o Gymry i roi enwau Saesneg ar eu cartrefi – a merched, unwaith yn rhagor, a oedd i'w beio'n fwy na neb am y camwri hwn. 'Ar ôl dysgu tipyn o Saesoneg, y mae aml i goegen gorniog na fyn alw ei chartref wrth ei hen enw – *Tygwyn*, *Tydu* neu *Tycoch*, ond ei gyfieithu'n *Whitehouse, Blackhouse* a *Redhouse*. Rhai o deulu yr hogen benwan hon a fynnodd alw *Pen-y-bont ar Ogwr* yn *Bridgend* a *Melin Wen* ger Caerfyrddin yn *Whitemill*.' A dyna'r arfer ymhlith siopwyr a masnachwyr mewn ardaloedd gwledig uniaith Gymraeg o godi arwyddion Saesneg uwchben drysau eu siopau, fel y nododd yn *Y Ddraig Goch* ym mis Gorffennaf 1876:

> Mewn maelfa wledig yn y Cwm pellennig lle na ddaw byth ond Cymro uniaith, yn ogystal ag yn y dref, rhaid i Siôn Edwart y teiliwr, roddi *John Edwards, Tailor* uwchben ei ddrws; a rhaid i Tomos Owen, y gof, roddi *Thomas Owen, Blacksmith*. A rhydd Robert Gruffydd, y crydd, uwchben ei ddrws *Robert Griffiths, Boot and Shoe Maker*. Mae y cynllun hwn yn rhoddi nod Seisnig o flaen yr holl wlad ac yn gwbl afresymol.

Ymwelodd Michael D. Jones â'r Wladfa ym Mhatagonia yn gynnar ym 1882, a bu ar daith trwy'r diriogaeth yn ystod yr wythnosau dilynol. Bu'r ymweliad hwnnw'n agoriad llygad iddo oherwydd gwelodd fod y Gymraeg yn llawer amlycach ym Mhatagonia nag ydoedd o fewn terfynau ei gwlad ei hun. Cymraeg oedd iaith cyfraith a barn yno, yn Gymraeg y cofrestrid pob genedigaeth a marwolaeth, a Chymraeg oedd iaith llywodraeth leol ac addysg. Ymwelodd ag ysgol

Y DDRAIG GOCH

CYLCHGRAWN MISOL

At wasanaeth y Wladfa Gymreig.

DAN OLYGIAETH

Y PARCH. R. MAWDDWY JONES,

DOLYDDELEN.

RHIF 20.]   AWST, 1877.   [CYF. II.

CYNNWYSIAD.

BALA:

ARGRAFFEDIG GAN H. EVANS.

PRIS CEINIOG.

24 Wynebddalen y cylchgrawn misol, *Y Ddraig Goch,* Awst 1877.

Trerawson a chafodd gryn wefr pan glywodd y plant yn adrodd eu tablau yn Gymraeg – peth na chlywsai yng Nghymru erioed. Yr oedd hyn yn brawf pendant iddo y gallai'r Gymraeg ffynnu yn ei gwlad ei hun pe dymunai'r Cymry hynny. Ond cenedl wasaidd oedd y Cymry na fynnai ond ymgreinio a chynffonna i'w goresgynwyr. Pwysleisiodd Michael D. Jones droeon fod dyfodol y Gymraeg yn nwylo'r Cymry eu hunain. Fel hyn yr ysgrifennodd yn *Y Ddraig Goch* ym mis Mai 1876:

> Y Cymry eu hunain sydd o'u gwirfodd yn gollwng y Saesneg i fewn, ac yn gwneud egni i droi y Gymraeg allan o'u teuluoedd, o'u capel, o'u masnach, ac yn llwfr oddef i Saeson i'w throi o'u llysoedd cyfreithiol. Mae at ewyllys y Cymry eu hunain i'r Gymraeg farw neu fyw; ac os lleddir hi, arnynt hwy eu hunain y bydd y bai.

Hwy yn unig a allai achub ac adfer y Gymraeg, a bu Michael D. Jones wrthi am yn agos i hanner canrif yn cystwyo ac yn dwrdio ei gyd-Gymry am eu difrawder at eu hiaith. Ac nid dwrdio yn unig oherwydd un o'i freuddwydion mawr oedd gweld sefydlu cymdeithas a fyddai'n brwydro dros fuddiannau'r iaith ym mhob ardal ac ym mhob cylch o fywyd. 'Hoffem weld cymdeithasau yn cael eu codi ymhob cymydogaeth i adfer y Gymraeg i'w lle priodol', meddai yn *Y Celt* ym mis Ionawr 1888. Ddwy flynedd yn ddiweddarach, ym mis Mehefin 1890, anogodd ei ddarllenwyr i gefnogi siopwyr a masnachwyr a gyflogai Gymry Cymraeg yn unig ac a godai arwyddion Cymraeg uwchben eu drysau. Pwysodd arnynt i wrthod cydweithredu â'r awdurdodau – boed y rheini'n gynghorau lleol, yn swyddfeydd post neu'n gwmnïau rheilffyrdd – drwy fynnu defnyddio'r Gymraeg ar bob achlysur. Yn wir, cofrestrodd Michael D. Jones ei hun fel Cymro uniaith yng nghyfrifiad poblogaeth 1891, a cheir tystiolaeth iddo ddylanwadu ar nifer o drigolion Y Bala i weithredu yn yr un modd. Yr oedd yn gwbl argyhoeddedig y gellid chwyldroi sefyllfa'r Gymraeg dros nos pe dymunai'r

Cymry hynny. Ond ni wrandawyd arno, ac fe'i cyfrifid gan y mwyafrif llethol o'i gyfoedion yn benboethyn ac yn granc – 'a lonely, enigmatic and somewhat eccentric figure', ys dywedodd yr Athro Ieuan Gwynedd Jones amdano. A bu'n rhaid aros am drigain a phedair o flynyddoedd cyn i ŵr arall a rannai'r un weledigaeth a'r un argyhoeddiad ag ef danio'r genedl i weithredu dros y Gymraeg a'i hawliau unwaith yn rhagor pan draddododd Saunders Lewis ei ddarlith *Tynged yr Iaith* ym 1962.

DARLLEN PELLACH

D. Gwenallt Jones, 'Hanes Mudiadau Cymraeg a Chenedlaethol y Bedwaredd Ganrif ar Bymtheg', *Seiliau Hanesyddol Cenedlaetholdeb Cymru*, gol. D. Myrddin Lloyd (Caerdydd, 1950).

D. Gwenallt Jones, 'Michael D. Jones', *Triwyr Penllyn*, gol. Gwynedd O. Pierce (Caerdydd, 1956).

E. Pan Jones, *Oes a Gwaith Michael D. Jones* (Y Bala, 1903).

Ieuan Gwynedd Jones, 'Language and Community in Nineteenth Century Wales', *Mid-Victorian Wales: The Observers and the Observed* (Caerdydd, 1992).

R. Tudur Jones, 'Michael D. Jones a Thynged y Genedl', *Cof Cenedl*, gol. Geraint H. Jenkins (Llandysul, 1986).

R. Tudur Jones, 'Cwmni'r *Celt* a Dyfodol Cymru', *Trafodion Anrhydeddus Gymdeithas y Cymmrodorion* (1987).

R. Tudur Jones, 'Yr Eglwysi a'r Iaith yn Oes Victoria', *Llên Cymru*, 19 (1996).

R. Tudur Jones, 'Ymneilltuaeth a'r Iaith Gymraeg yn y Bedwaredd Ganrif ar Bymtheg', *'Gwnewch Bopeth yn Gymraeg': Yr Iaith Gymraeg a'i Pheuoedd, 1801–1911*, gol. Geraint H. Jenkins (Caerdydd, 1999).

Robert Owen Jones, 'Yr Iaith Gymraeg yn y Wladfa', *Iaith Carreg fy Aelwyd: Iaith a Chymuned yn y Bedwaredd Ganrif ar Bymtheg*, gol. Geraint H. Jenkins (Caerdydd, 1998).

Glyn Williams, 'Nationalism in Nineteenth Century Wales: The Discourse of Michael D. Jones', *Crisis of Economy and Ideology: Essays on Welsh Society, 1840–1980* (Bangor, 1983).

Y *CYMRO*, PENYBERTH
A'R AIL RYFEL BYD

Rhys Tudur

Digwyddiad mawr yng Nghymru fydd cyhoeddi'r papur newyddion wythnosol cenedlaethol y gaeaf hwn . . . Ni bu erioed o'r blaen bapur i Gymru i gyd – papur cenedlaethol yng ngwir ystyr y gair.

Y *Ford Gron*, Hydref 1932

Bwriad Rowland Thomas, y gŵr di-Gymraeg a fu'n bennaf cyfrifol am sefydlu'r *Cymro* ym 1932 oedd iddo fod yn bapur poblogaidd yng ngwir ystyr y gair: papur a fyddai'n ymdrin â'r straeon diweddaraf yng Nghymru a thu hwnt, papur deniadol a diddorol a fyddai'n gwerthu yn ei filoedd, papur a fyddai'n adlewyrchu diddordeb a dyheadau Cymry Cymraeg cyffredin yr oes ac yn cynrychioli eu barn a'u safbwynt, a phapur a fyddai'n ddylanwad mawr ar bob agwedd ar fywyd Cymru.

Er y gellid dadlau mai dyna hefyd oedd bwriad Thomas Gee wrth sefydlu ei *Faner* ef ym 1859 a bod *Y Faner* i raddau helaeth wedi cyflawni'r nod hwnnw, dylid pwysleisio bod yr amgylchiadau cymdeithasol yng Nghymru ym 1932 yn dra gwahanol i'r hyn oeddynt ym 1859. Pan sefydlwyd *Baner* Thomas Gee yr oedd nifer helaeth o Gymry yn siaradwyr Cymraeg uniaith. Yn sgil Deddf Addysg 1870, fodd bynnag,

25 Rowland Thomas, sefydlydd *Y Cymro* ym 1932.

137

COLEG Y BRIFYSGOL,
BANGOR.

D. EMRYS EVANS M.A. B.LITT

YCymro
The
Welsh National Weekly — Papur Newydd Cenedlaethol Cymru

Smociwch a wynhewch
BACO'R
AELWYD
SIA digy. ar am y Pris

yr owns. 8d. yr owns.

E. MORGA AT GW (NL
A ILWC

RHIF 1 — DYDD SADWRN, RHAGFYR 3, 1932 — DWY GEINIOG (2D.)

CAM AT ORCHFYGU CANCR

"Fy Llythyr Olaf Cyn Troi'n Dramp"

CYMRO IEUANC A'I "ABERTH OFER."

" Y mae byw i mi yn boen.
Bore dydd Mawrth nesaf cychwynnaf i'r hynt. . ."

DYNA ran o lythyr rhyfeddol a gafodd Golygydd "Y Cymro" y diwrnod o'r blaen oddi wrth Gymro ieuanc talentog o un o ardaloedd gweithfaol Cymru.

Y mae'n dangos teimlad llu o Gymru ieuainc heddiw sydd yn yr un adfyd ac ef.

Bo'r dyn ieuanc hwn am gadw addysg yn un o golegau Cymru. Ond wedi gorffen, ni allai gael gwaith.

Y mae ganddo dalent meddiad ai ysgrifenau, ac fe ofynnodd Golygydd "Y Cymro" iddo anfon ysgrifau ar hanesiad i'r papur newydd hwn. Dyma'i ateb, air am air:—

Rhag each somu, credaf mai teg i mi ystyw eich ysgrifau na allaf anfon dim o'r cylch hwn am resymau argas gennyf on hadrodd i beh.

Aberthais hynny o arian oedd gennyf, ar primed oeddynt, i geisio gwella 'r amgylchiadau. Aeth y cwbl yn ofer. Heddiw ceisiai symbolu'n 'blaidd i ffwrdd oddi wrth fy mhr.

Nid oes neb gennyf i ddiaynu arno, ac ni tynnaf weled gweithiwr tlawd yn rhannu ei fara i mi sy'n segur.

CERDDED Y BRIFFORDD.

Bore dydd Mawrth nesaf derbyniaf y ddogn olaf o'r "dole." Yna, cychwynnaf i'r hynt a fagodd ddynion fel W. H. Davies, Patrick McGill a Francis Thompson. Fy rhymdeithion fydd y " Superb Tramp," " Children of the Dead End," a " Byttehead y Nef."

Bellech na'm rhwystrir gan flugbarchawrydd rhag cerdded y briffordd a ddisk am hob crystyn a gai i gadw deufur fy sianog rhag gwangu ar ei glwyd.

Fel y mae'r amgylchiadau yn fy hanes, y mae byw i mi yn boen. Megis saeth ydyw tipiadau eiliadau'r cloc—a'r distawrwydd llethol rhwng peb tip yn fy agorra'n wallgof.

FY NODYN OLAF.

Hwn fydd y nodyn olaf a anfonaf trwy'r llythyrdy, onir nid oferwaith ydyw gwario'r geiniog-a-dimai olaf i ddymuno'n dda i'r autor syn systeddedd rhan o'm breuddwyd o'r diwedd.

Dioichaf hefyd am eich ymddiriedaeth ynof parthed anfon rhywbeth amgenach na'r straeon gwragedd-ar-banau'r-drysau sy'n llanw em newyddiaduron lleol.

Gwelaf fod gan "Y Cymro" weledigaeth, ac y medr lanw'r bwch mawr ym maes newyddiaduron Cymru heb fod yn faich wybodus.

Pan ddelo'r cyfle, cofiaf mai'r "Cymro" roddodd y cyfie i mi i'w wasanaethu.

MEDDYG O GYMRO AR Y TRAC.

ADRODDIAD I'R SWYDDFA GARTREFOL.

Gan ein Gohebydd Arbennig.

ABERTAWE, Dydd Gwener.

Y MAE Dr. G. Arbour Stephens, y meddyg adnabyddus o'r dref hon, a 'nadeirydd Pwyllgor Addysg y dref, wedi anfon adrodd iad i'r Swyddfa Gartrefol ar gancr gwaith (' industrial cancer '), ac y mae ei gasgliad—a yn gam pwysig tuag at ddeall a chonero'r haint ofnadwy hwn.

Ceisi, chel ar yr achosion y mae. A dengys am y tro cyntaf, trwy ffigyrau di-droi'n-ôl, fod a wnelo'r gas " carbon monoxide " lawer â rhoi achos o gancr gwaith.

Y mae'r nwy hwn yn y " lamp gwyn " sy'n faith elyn i'r glowr, ac y mae hefyd yng ngas cyffredin tai.

Dyw 'd Mr. D. R. Grenfell, yr A.S. dros Gower, wrthyf :

" Efallai mai trwy chwilio am achos cancr gwaith y ceir gafael ar achos cancr cyffredinol, sy'n blino dynion ym mhob gwlad waruddiedig trwy'r byd. Nid yw'n bod ymhlith ' anwariaid.' "

ANADLU NWY SY'N GWANHAU.

Y MAE llawer math o ganer gwaith," meddal Dr. Arbour Stephens wrthyf, " ond ymhob am presenoldeb carbon monoxide ydw'r un elfen bwysig.

" Unwaith yr a carbon monoxide i gytanoeddiad dyn, y mae'n andwyo gallu celloedd y gwaed."

" Y mae magu cancr yn ddirgn," meddai, " ar :

1. maint y gwres yn y gwaith;
2. lled i' irritation ';
3. bwyd anaddas, a phrydiau afreolaidd.
4. nwy carbon monoxide.

GWAITH YN Y GAEAF.

" Dywedir fod mwy o ganer diwydiannol yn digwydd yn y gaeaf mag yn yr haf. Dyna a ddisgwylir i, oherwydd yn yr 'm'e', nid yw's' .warm'.

- D. R. Grenfell. Dr. G. A. Stephens.

('ventiation') yn agos cystal ag yn yr haf, gydai'r canlyniad fod turth carbon monoxide yn crynhoi ac ym gadw yn yr ystafelloedd. Ho mae'r dynion yn gweithio; a'r dynan yn tynnu'n ben ac i' dda i'w ffwrneisi."

CASGLU FFEITHIAU.

" Er medd y mae'n ystyried ym mha fodd y mae perthynas rhwng ei systwadau ar ganor gwaith a cluner yn gyffredinol, fe gasglodd Dr. Arbour Stephens restr o bob dyn dan 60 oed a fu farw yn anfel welltfaol trwy Abertawe yn ystod 1930 a 1931, yng nghwmni 'i gydweithgethuc.

Gwelir wed a dim bai... a'r ysgrifenwyr glo, ac y mae'n sicr fod y gweithiwr glo, ac y mae'n sicr fod y Brenin i bob rhan o'r Ymrodreuth.

"RUGBY" AR I FYNY.

TIM O'R GOGLEDD I WYNEBU'R DE.

Y MAE Undeb Pêl Droed Rygbi Gogledd Cymru yn trefnu i gael dwy gêm brawf y diwrnod ar ôl y Nadolig,—y naill yn y Trallwm (Welshpool) a'r llall ym Mangor.

Fe drefnir y rhain er mwyn dewis chwaraewyr i wynebu tîm o'r De.

Dyma fydd y dewy gêm brawf :
Yn y Trallwm : Cylch y Drefnewydd (Newtown) a'r Trallwm yn erbyn cylch Wrecsam a Rhuthin.

Ym Mangor : Cylch Rhyl, Colwyn a Thref Bangor yn erbyn Colog Bangor, Porthmadog, a Chaergybi.

Fe benderfynwyd byn yng nghyfarfod pwyllgor gwaith yr Undeb nos Iau, a Mr. Richard Davies, Wrecsam, yn llywydda. Yr oedd Mrs. Williams, Wrecsam, ydyw'r ysgrifennydd.

Bydd chwaraewyr Rygbi ysgolion y De yn cyfarfod chwaraewyr ysgolion y Gogledd yn Rhuthin Rhagfyr 15.

Y mae Norman D. Guest wedi ei ddewis i chwarae yn y treial Rygbi yng Nghaerdydd heddiw.

Y mae'n debyg mai ef yw'r chwaraewr cyntaf o Ogledd Cymru er 40 mlynedd. Mab yw yr Prif-gwnstabl Guest, Wrecsam.

Bydd Tywysog Cymru yn yr ornest Rugby rhwng Heddlu Morganwg a Bataliwn 1 y Welch Regiment ym Mhontypridd dydd Mercher.

Dim Cynhadledd Fyd.

Gan Ein Gohebydd Gwleidyddol.

NID yw'n debyg y bydd Cynhadledd Economaidd i'r Byd wedi'r cwbl.

Dylasai hon fod yn gweithio yn y mis yn cyn y Nadolig.

Pwrpas y gynhadledd oedd ystyried setyliffa economaidd y byd, gan gynwys aineesteus cyllid a tholian. Ond o fethu sicrhau cydweithrediad y periatondau.

Y cwbl a wnaeth y pwyllgorau o wyr cyfarwydd a ddylasai fod wedi trefna rhaglen y gynhadledd, oedd ymgorria dadlau ni gwaith y calon am y salon arian, ai credi cael toilau hen feichie.

Y mae'i bod i rwygiorau wedi gohurio'r irafod a's baeloaiu wedi mynd ya ôl i'w gwleidydd au nesaus.

Y mae John Simon oedd cadeirydd y pwyllgor trefnu, ac ni wybu ef ddim y gohirio nes bod y cynadleddwyr ar eu flordd adref.

Nid oes dim gobaith ail-gynull y gynhadledd byd fe Ebrill nesat. Y mae astudaru pwysig o'r gynhadledd yn cedu y bydd yn dd-fadd y pryd iwnaw, ac y berir y cynllun ymaith.

Efallai mai cynhadledd newydd a geir, gwahanol ei mitur.

---

26 Tudalen blaen rhifyn cyntaf *Y Cymro*, 3 Rhagfyr 1932.

dysgid Saesneg yn yr ysgolion i holl blant Cymru ac o ganlyniad lleihau'n raddol a wnaeth nifer y Cymry uniaith Gymraeg: erbyn 1932, sef blwyddyn sefydlu'r *Cymro*, dim ond ychydig o bobl hynaf Cymru a oedd yn parhau'n ddi-Saesneg.

Bu lansio *Daily Mail* Northcliffe ym 1896 yn ddylanwad mawr arall ar batrymau darllen y Cymry. Yn raddol ond yn gynyddol dechreuodd Cymry Cymraeg yn eu miloedd ddarllen papur newydd dyddiol Saesneg, ac erbyn 1932 yr oedd yr arfer hwn wedi ei hen sefydlu ei hun.

Seisnigeiddiwyd a Phrydeineiddiwyd y Cymry ymhellach gan ddyfodiad y Rhyfel Byd Cyntaf, carreg filltir fawr arall yn hanes dirywiad yr iaith Gymraeg. Yng nghanol yr holl bropaganda gwladgarol Prydeinig cyflyrwyd y Cymry yn eu miloedd i feddwl yn Brydeinig ac i dderbyn y gyfundrefn Brydeinig. O ganlyniad, ni fyddai'r un papur newydd Cymraeg ei iaith, na Chymreig ei naws hyd yn oed, yn debygol o apelio atynt i'r un graddau ag yr apeliai at ddarllenwyr *Baner* Thomas Gee. *Y Cymro*, felly, oedd y newyddiadur Cymraeg cyntaf i'w sefydlu nid yn unig i fod yn un 'poblogaidd' ymhlith y Cymry, rhywbeth digon anodd ynddo'i hunan, ond hefyd y cyntaf i gystadlu'n uniongyrchol yn y farchnad â'r wasg boblogaidd Saesneg, rhywbeth anos o lawer.

Y mae'n werth nodi hefyd fod y syniad o bapur poblogaidd a apeliai at drwch y boblogaeth Gymraeg yn un newydd. Anelid newyddiaduron eraill y dydd at bobl a berthynai i enwad crefyddol arbennig, neu a goleddai ddaliadau gwleidyddol penodol neu at bobl a drigai mewn ardaloedd neilltuol. Yr oedd dirfawr angen, felly, am bapur newydd Cymraeg ar gyfer y gymdeithas Gymraeg ei hiaith yn ei chyfanrwydd.

Yn yr ysgrif hon ymdrinir â gwleidyddiaeth yr oes yng Nghymru drwy astudio barn *Y Cymro* ar rai o brif faterion y dydd. Trafodir yn benodol agwedd *Y Cymro* cynnar at

genedlaetholdeb a'r Blaid Genedlaethol Gymreig a gofynnir
y cwestiwn: a oedd *Y Cymro* yn driw i'w arwyddair, sef bod
yn 'Bapur Cenedlaethol Cymru'?

Beth, felly, oedd safbwynt *Y Cymro* ynghylch un o'r
digwyddiadau mwyaf dylanwadol yn hanes cenedlaetholdeb
Cymreig, sef llosgi ysgol fomio Penyberth yn Llŷn yn oriau
mân dydd Mawrth, 8 Medi 1936? Dengys cynnwys y papur
nad oedd yn cefnogi'r weithred fel y cyfryw ond ei fod yn
cydymdeimlo â'r tri gŵr a'i cyflawnodd, yn deall eu
rhesymau dros weithredu ac yn eu hedmygu am eu safiad.
Yn ysgrif flaen rhifyn 4 Ebrill 1936, bum mis cyn llosgi
Penyberth, mynegodd *Y Cymro* ei wrthwynebiad i'r
egwyddor sylfaenol o sefydlu ysgol fomio gan y byddai
sefydliad o'r fath yn cynrychioli rhyfel a lladd, a hefyd yn
symbol o orthrwm cenedl fwy dros genedl lai:

> Y mae i'r brotest a wneir yn erbyn codi ysgol fomio ym
> Mhorth Neigwl ddwy sail gadarn. Un yw fod rhyfel yn
> ddrwg, ac fod Prydain wrth ymuno yn yr ymryson
> arfogi yn troseddu yn erbyn ei delfrydau uchaf hi ei hun
> ac yn erbyn gwareiddiad. Y llall yw fod Cymru'n wlad
> gyda'i hiaith, ei thraddodiadau, a'i hawliau arbennig ei
> hunan, ac nad oes gan Loegr ddim hawl foesol i sathru
> ar y rheini hyd yn oed er mwyn ei diogelwch ei hun.
>
> Os cymerir yr agwedd yma, yn sicr nid ysbryd gwrth-
> wlatgar sydd tu ôl i'r brotest. Ond yn rhyfedd fe geir
> rhai sy'n canmol y duedd naturiol i hunan-amddiffyn
> pan gymer y ffurf o gryfhau arfogaeth Prydain yn
> condemnio'r un duedd yn union mewn Cymro na fynn
> weled sarnu ar ddiwylliant a thraddodiadau ei genedl er
> mwyn cryfhau amddiffyn yr Ymerodraeth.
>
> Diamau y dywaid rhai nad oes gennym fel Cymry
> ddim cweryl yn erbyn Lloegr, ac yn hytrach na'n
> gorthrymu fod Llywodraeth yr Ymerodraeth wedi
> parchu'n hawliau fel cenedl fechan. Atebwn mai teg
> mesur y parch hwnnw wrth ateb y Llywodraeth ei hun
> i'r brotest, canys fe ŵyr y Llywodraeth gystal â neb ei

bod yn rhoi dyrnod i'n hiaith a'n traddodiad wrth estyn cortynnau'i gwersyll arfog i'r ardaloedd tawel sy'n galon ein bywyd cenedlaethol.

Am rai wythnosau wedi llosgi Penyberth ni ellid trafod y weithred yn *Y Cymro* oherwydd bod yr achos cyfreithiol yn erbyn y tri yn mynd rhagddo; llefarai'r papur yn gryf, serch hynny, ar bwnc a ddeilliai'n uniongyrchol o'r achos, sef lle'r iaith Gymraeg yn y llysoedd. Ond hyd yn oed wedi dedfrydu'r tri llosgwr i naw mis o garchar yn yr achos llys enwog yn yr Old Bailey yn Llundain ar 19 Ionawr 1937, ni leisiodd *Y Cymro* ei farn yn uniongyrchol ar y weithred yn ysgrif flaen yr wythnos honno (23 Ionawr), gan neilltuo ei sylw, yn hytrach, i sefyllfa'r Gymraeg yn y llysoedd. Fodd bynnag, cafwyd yr awgrym lleiaf posibl, a hynny'n unig, nad oedd *Y Cymro* yn cefnogi'r llosgi:

> Erbyn hyn y mae cyfraith Lloegr wedi cymryd ei chwrs yn achos y tri Chymro ac yr ydym yn awr yn rhydd i ddatgan barn ar y mater hwn yn ei brif oblygiadau.
>
> Yr oedd yn berffaith eglur o'r cychwyn fod y tri Chymro'n sylweddoli eu bod, trwy roddi adeiladau'r Ysgol Fomio ar dân, yn cymryd y ddeddf i'w dwylo eu hunain. Sylweddolent ar y dechrau beth fyddai'r canlyniadau i hwy'n bersonol. Ond parod oeddynt i aberthu llawer er mwyn achos, a gredent hwy, oedd yn werth aberthu drosto.
>
> Ym mhlith Cymry mor eiddgar â hwythau yr oedd, ac y mae gwahaniaeth barn ar briodoldeb y weithred ei hun. *Ond nid oes amheuaeth o gwbl nad yw gwaith yr awdurdodau yn symud y praw i Lundain wedi cynhyrchu teimlad o ddicter dwfn yng Nghymru ac ym mhlith Cymry ym mhobman.*

Dengys adroddiad tudalen flaen rhifyn yr wythnos ganlynol yn fwy eglur nad oedd *Y Cymro* yn cymeradwyo'r weithred ond ei fod yn edmygu safiad y tri gŵr ac yn cydnabod eu bod wedi tanio gwir ysbryd cenedlaethol yng Nghymru. Dyma ddyfyniad o ddechrau a diwedd yr adroddiad:

> Dychwelwn yr wythnos hon at braw y tri Chymro galluog yn yr Old Bailey, Llundain, a'i oblygiadau heb betruster o gwbl. Fel y mae'r cynnwrf yn diflannu, felly y daw Cymry i sylweddoli fwyfwy wir werth y weithred hon, o eiddo Awdurdod Cyfraith Lloegr a'r genedl Gymreig.
>
> O'n rhan ein hunain, er ein bod yn amau'n fawr ddoethineb y weithred ei hun, y mae gwaith Arglwyddi Cyfraith Lloegr yn gwrthod caniatáu i'r tri Chymro sefyll eu praw o flaen eu cymheiriaid yn eu gwlad eu hunain wedi codi ton o ddicter na welwyd ei chyffelyb ers llawer dydd. Yn wir, pa Gymro a all beidio â theimlo'n ddig oherwydd yr agwedd anghyfiawn hon?
>
> . . . Dyna rai o'r cyfeiriadau y gallwn fel Cymry roddi ein tŷ mewn trefn, ac ymddengys inni y byddai'n well symud i'r cyfeiriadau hyn. Byddai'r effeithiau yn sicr o fod yn fwy parhaol na llosgi ysgol fomio, pa faint bynnag yr ydym yn ei edmygu ar ysbryd y tri Chymro galluog, sy'n awr mewn carchar. Fe gytuna pawb fod eu gweithred o leiaf wedi deffro ysbryd cenedlaethol na welwyd ers llawer dydd a charem weled yr ysbryd hwn yn cael ei ddefnyddio i Gymreigeiddio ein sefydliadau cenedlaethol.

Y mae ysgrif flaen yr un rhifyn yn ddiddorol a phwysig oherwydd ymdrinnir ynddi â'r posibilrwydd cryf na fyddai Saunders Lewis na D. J. Williams (yn wahanol i Lewis Valentine) yn cael dychwelyd i'w swyddi yn sgil eu cyfnod yn y carchar. Er bod y papur yn anghytuno â'u gweithred, bu'n gwbl deg â'r tri chenedlatholwr drwy bleidio eu hachos a thrafod yn wrthrychol benderfyniad yr awdurdodau yn Abertawe ac Abergwaun. Y mae'n arwyddocaol fod y gair 'trosedd' mewn dyfynodau yn y frawddeg olaf isod, sy'n awgrymu efallai fod Y Cymro, megis y tri llosgwr, o'r farn fod cyfraith uwch na chyfraith gwlad yn bodoli:

27 Daeth y tri llosgwr, Saunders Lewis, Lewis Valentine a D. J. Williams, ynghyd am y tro olaf yn Abergwaun ym 1968.

Dywedwn yn bendant mai dyletswydd Cymru at y gwŷr hyn yw gofalu eu bod yn cael eu lleoedd yn ôl pan ryddheir hwy. A dyma ddyletswydd Cymru ati ei hunan hefyd. Y mae Mr. Saunders Lewis, Mr. Valentine a Mr. D. J. Williams yn dwyn eu penyd am eu trosedd yng ngolwg y gyfraith. Pan ddônt allan fe ddylent ddod allan i fwynhau'r un safleoedd yn union ag oedd iddynt cyn rhoddi eu hunain yn nwylo'r gyfraith. Beth bynnag a gredir am ddoethineb eu gweithred, nid oes ddwy farn ar eu hamcanion, ac nid oes ddwy farn chwaith ynghylch maint eu haberth dros eu delfrydau ac er mwyn Cymru. Y maent yn ddynion o gymeriad ac o allu, ac nid yw eu gweithred mewn un modd wedi amharu ar eu henw da na'u hanghymwyso i wasanaethu Cymru yn y safleoedd lle y rhoddasant eu gorau i'w cenedl. Y mae pob arwydd y gofala eglwysi Mr. Valentine am roddi iddo ef yr un safle â chynt. Yn wir ni ellid meddwl amdanynt yn gwneud dim arall. A bydd eu hagwedd yn gymeradwy yng ngolwg y wlad. Yn ôl a ddeallwn, safle Mr. Saunders Lewis a Mr. D. J. Williams yw eu bod wedi 'eu hatal'. Y mae Cymru'n disgwyl y penderfynir yn ddioed y bydd yr 'atal' yma drosodd cyn gynted ag y daw'r ddau athro hyn yn rhydd. Yr unig gwrs anrhydeddus i awdurdodau'r Brifysgol a'r awdurdod sy'n rheoli ysgol Abergwaun yw cynnig iddynt eu lleoedd yn ôl. Ni byddai'r un cwrs arall yn gyson â thraddodiadau gorau Cymru. Anfri ar genedl a fyddai i'n sefydliadau ni'n hunain ail gosbi'r ddau ŵr yma ar ôl iddynt ddwyn penyd cyfraith y deyrnas a thalu'r iawn a ofynnai'r ddeddf am y 'trosedd'.

Ychydig ddyddiau yn ddiweddarach penderfynodd Cyngor Coleg Prifysgol Cymru, Abertawe, hysbysu Saunders Lewis (a oedd yn dal yn y carchar) na châi ddychwelyd i'w swydd, penderfyniad a esgorodd ar brotestiadau cryfion gan athrawon a myfyrwyr y Coleg a chan lu o bobl eraill ledled Cymru. Yn ôl pennawd ysgrif flaen *Y Cymro*, gwarth o beth oedd y fath benderfyniad. Y mae'r ffaith fod y papur bellach o'r farn nad oedd llosgi'r ysgol fomio yn 'drosedd' yn ystyr gonfensiynol y gair yn awgrymu ei fod yn cydymdeimlo fwyfwy â'r rhesymau dros gyflawni'r weithred, er nad â'r weithred ei hun. Diddorol hefyd yw sylwi ar deyrnged *Y Cymro* i Saunders Lewis, gŵr a fu mor aml dan lach y papur yn rhinwedd ei swydd fel Llywydd y Blaid Genedlaethol:

Erbyn hyn y mae Cyngor Coleg y Brifysgol, Abertawe, wedi dangos i'r hollfyd beth yw ei agwedd at ŵr a wasanaethodd y genedl Gymreig mewn modd arbennig iawn yn ystod y blynyddoedd diwethaf, ond sy'n awr yng ngharchar am iddo gymryd rhan yn llosgi'r Ysgol Fomio yn Llŷn. Y mae'n anodd deall paham y daeth y Cyngor i'r penderfyniad fod yn rhaid symud ar unwaith i lanw swydd Mr. Saunders Lewis ar wahân i'r ffaith fod mwyafrif aelodau'r Cyngor yn caniatáu i'w gogwydd gwleidyddol ddylanwadu ar eu rheswm. Nid oes undyn a all yn rhesymol ddadlau fod gweithred Mr. Saunders Lewis mewn unrhyw fodd wedi ei anghymwyso i gario allan ei ddyletswyddau fel Darlithydd yng Ngholeg Abertawe. Ac, o edrych ar y weithred fel trosedd yn erbyn Cyfraith Lloegr, y mae ysgafnder y gosb a roddwyd yn profi fod y gyfraith yn sylweddoli mai 'trosedd' ag amcan gwleidyddol ydoedd. Ni ellir gosod achos Mr. Saunders Lewis ar yr un tir ag athro ysgol a ymddug yn ddrwg tuag at ei ddisgyblion.

Dywedir yn ysgrif flaen rhifyn 27 Chwefror 1937, ar drothwy Dydd Gŵyl Dewi, fod y genedl yn dechrau 'deffro' o ganlyniad i losgi Penyberth:

Peryglon sy'n creu cenedlaetholdeb, ac yn peri prisio'r hyn na welem werth ynddo pe na bai achos pryder. Yr afiach sy'n holi am feddyg a'r wlad a fo'n pryderu sy'n chwilio am ffordd o ymwared ac yn dyheu am weledigaeth glir. Sylweddoli'r peryglon sydd yn ein bygwth a bair fod ton newydd o genedlaetholdeb wedi torri dros Gymru heddiw. Yr oedd llosgi'r ysgol fomio yn arwydd ac yn rhybudd. A'r arwydd a'r rhybudd sydd yn y weithred honno sy'n bwysig, nid y weithred ei hun. Cymharol ddibwys oedd y weithred, ac yr ydym yn ei chyfiawnhau neu ei chondemnio yn ôl ein gogwydd. Gwelwn argoelion nad yw'r rhybudd yn cael ei anwybyddu, a llawenhawn am hynny. Y mae Mesur yn cael ei gynnig i'r Senedd a olygai, pe pesid ef, symud pob amheuaeth ynghylch hawl Cymro i siarad ei iaith ei hun mewn llys barn, a'i hawl hefyd i gael ei brofi yn ei wlad ei hun. Ar ôl hun hir, y mae ein cynrychiolwyr yn y Senedd yn dechrau ymysgwyd. Pe baent wedi ymysgwyd yn gynt gall na buasai Llywodraeth Lloegr wedi sathru ar bob teimlad o wrthwynebiad trwy fynnu gosod ysgol ryfel yn un o'i broydd tawelaf a Chymreiciaf. Onid arwydd o gywilydd am ei gweithred yw gohirio agor yr ysgol fomio? Cyfaddefir nad gweddus agor ysgol fomio yng Nghymru ar Ddydd Gŵyl Dewi. Nid cyson â neges Dewi yw ei hagor o gwbl yng ngwlad y genedl a wnaeth Dewi yn nawddsant iddi ei hun.

Ar dudalen flaen yr un rhifyn gofynnwyd i'r darllenwyr: 'Pa Gymry a roddech chwi ar restr anrhydedd Gŵyl Ddewi?' Gan nad oedd gan Gymru ei chyfundrefn anrhydeddu ei hun yr oedd *Y Cymro* yn awyddus i wybod pwy, yn nhyb ei ddarllenwyr, a roesai'r gwasanaeth gorau i'r genedl yn ystod y deuddeng mis blaenorol, a rhoddwyd cyfle i bob darllenydd enwebu deg person. Fis yn ddiweddarach cyhoeddwyd mai Saunders Lewis, Lewis Valentine a D. J. Williams, yn y drefn honno, a ddaethai i'r brig. Y mae'r bleidlais yn arwyddocaol, o gofio nad oedd *Y Cymro* yn gefnogol i'r weithred a gyflawnwyd gan y tri. Dengys fod darllenwyr y papur yn gweld uwchlaw gwleidyddiaeth plaid ac yn sylweddoli bod y tri gŵr yn pleidio achos cenedl.

Trown yn awr at farn *Y Cymro* ynghylch yr Ail Ryfel Byd. Gwelir bod y papur, ar ôl traethu'n gryf yn erbyn rhyfel yn ystod ei flynyddoedd cynnar, wedi dod yn gefnogwr brwd i ran Cymru yn yr ymdrech Brydeinig a thrwy hynny yn anghytuno â'r Blaid Genedlaethol Gymreig a oedd o'r farn nad oedd a wnelo Cymru ddim â'r rhyfel.

John Tudor Jones (John Eilian), newyddiadurwr a bardd a fu'n gyfrifol am sefydlu'r cylchgrawn poblogaidd ond byrhoedlog Y Ford Gron, oedd golygydd cyntaf Y Cymro ym 1932, ac fe'i dilynwyd gan Einion Evans, cyn-olygydd Cymro Dolgellau, a fu'n golygu'r papur o fis Mai 1934 hyd doriad y rhyfel. Ffigur amlwg arall yn y blynyddoedd cynnar hyn oedd Percy Ogwen Jones, a fu'n golygu'r Dinesydd Cymreig. Yn y blynyddoedd a arweiniai at y rhyfel, siaradai'r Cymro yn gryf iawn o blaid heddwch, gan gefnogi safiad y rhai na fyddent yn barod i fynd i ryfel pe deuai'r gorchymyn hwnnw gan y llywodraeth ryw ddydd. Meddai ysgrif flaen y papur ar 13 Mai 1933:

28 John Eilian
(John Tudor Jones),
golygydd cyntaf
Y Cymro 1932–4.

Efallai y caiff yr arweinwyr eglwysig a'r holl gyfundebau sydd wedi tyngu i wrthwynebu rhyfel gyfle i brofi eu penderfyniad yn gynt nag y disgwyliant. Da yw gweled penderfynu fel hyn. *Golyga fod arweinwyr y cyfundebau hyn am ofyn i'w holl ddilynwyr wrthod ufuddhau i'r llywodraeth ped âi'r wlad hon i ryfel. Golyga fod yr holl aelodau am sefyll yn gytun gyda'i gilydd a mynd i garchar gyda'u harweinwyr eglwysig.* Fe fydd y llywodraeth cyn hynny wedi hau celwyddau melys. Fe sonnir ym mhob man am amcan anrhydeddus y rhyfel, – bod crefydd, gwareiddiad, a diogelwch ein teuluoedd yn galw am nerth braich pawb i ymladd . . . Y mae'n bwysig seilio pob penderfyniad ac ymrwymiad heddiw ar argyhoeddiad cadarn. Os gwneir hyn, fe ddaw'r dydd pan welwn yr Eglwys yn herio'r Llywodraeth, ac yn ennill buddugoliaeth na ellir mesur ei maint.

Enghraifft arall o agwedd wrth-filitaraidd *Y Cymro* oedd y geiriau cryfion a fynegwyd yn erbyn y Corfflu Hyfforddi Swyddogion (O.T.C.) ar 27 Ebrill 1935:

Siom i'r Eglwysi a ddatganodd mor groyw na ddylai colegau Prifysgol Cymru noddi milwriaeth fydd penderfyniad Llys Llywodraethwyr Bangor i gadw at eu hagwedd bresennol at yr O.T.C., ac yn ôl pob golwg bydd siom arall yr wythnos nesaf, canys fe hysbyswyd bod Cyngor Coleg Aberystwyth am annog Llys y Coleg hwnnw i beidio â newid y trefniadau presennol. Y mae'r pwnc hwn ers tro bellach wedi cael cryn sylw yng Nghymru, ac y mae'r gwahanol lysoedd eglwysig wedi galw am ddiddymu'r O.T.C. am eu bod yn ystyried na ddylai sefydliad sydd yn amcanu paratoi dynion ifanc i ryfel fod ynghlwm wrth brifysgol ein gwlad . . . Fe gafodd y Llys gyfle i ddiarfogi ac ymwrthod â sefydliad y mae ei gysylltu â'u Prifysgol yn anghyson â delfrydau'r rhai y molir eu haberth ynglŷn ag addysg, ac yn groes i farn orau'n cenedl fel y'i mynegir gan yr eglwysi. Fe gollodd y cyfle hwnnw, a siomi gwlad.

Ond er gwaethaf ei safiad gwrth-ryfel cryf yn y blynyddoedd a arweiniai at yr Ail Ryfel Byd, a'i barodrwydd hyd yn oed i gefnogi anufuddhau i'r llywodraeth pe digwyddai rhyfel, ni lynodd *Y Cymro* wrth y safbwynt hwnnw wrth i'r sefyllfa ryngwladol ddirywio ac wrth i ryfel mawr arall ymddangos yn fwyfwy tebygol. Ysgrif flaen 26 Tachwedd 1938 yw'r gyntaf i led-awgrymu bod y papur yn fodlon cefnogi ymladd pe bai raid:

> Y mae'r erlid ar yr Iddewon yn yr Almaen wedi dangos yn ei lliw ei hun athroniaeth genedlaethol Nasïaeth, gyda'i rhagfarn anwaraidd a'i dibristod o egwyddorion Cristnogaeth. I ba le yr arweinir yr Almaen gan ei phenaethiaid Nasïaidd? A phwysicach fyth, beth fydd yr effaith ar berthynas y wlad hon â llywodraeth yr Almaen? Dug y Prif Weinidog o Munich gytundeb wedi ei arwyddo, oedd i fod yn sail heddwch parhaol â'r wlad hon. Eto, cychwynnodd ar unwaith ras arfau frwd. Yr un pryd, dirymodd Herr Hitler, i bob pwrpas, ei gytundeb â Mr. Chamberlain drwy gefnogi'r erlid gwaradwyddus ar yr Iddewon ... Â'r helyntion yn yr Almaen yn ddifrif, ac, o bosibl, yn arwain y llywodraethwyr i fwrw tân ar yr holl ddaear fel tafliad olaf eu rhyfyg, rhaid i'r wlad hon fod yn barod i ymladd, os bydd galw, dros ei ffydd mewn Democratiaeth, ein rhyddid a'n crefydd. Rhaid, y tu draw i bob dadl, gwneud ymdrech fawr genedlaethol.

Diflanna unrhyw amheuaeth ynghylch agwedd *Y Cymro* at ryfela yn erbyn Hitler yn yr ysgrif flaen 'Cymru ar y groesffordd' a ymddangosodd yn rhifyn 22 Ebrill 1939, teitl eironig efallai gan y gellid yn hawdd ei newid yn '*Y Cymro* ar y groesffordd'. O'r holl ysgrifau blaen a ymddangosodd yn y papur rhwng 1932 a 1945 gellir dweud yn sicr mai hon oedd un o'r pwysicaf gan mai ynddi hi y gwelir am y tro cyntaf barodrwydd *Y Cymro* nid yn unig i gefnogi ymladd y rhyfel arfaethedig ond hefyd ei gefnogaeth lwyr i ran Cymru yn y rhyfel hwnnw. Er pwysleisio unwaith eto ei fod yn casáu rhyfel i'r eithaf, yr oedd bellach o'r farn y gellid cyfiawnhau'r rhyfel yng ngoleuni'r bygythiad brawychus o du'r Cyfandir:

> Unwaith eto yn hanes ein cenedl wynebir ni gan yr angen dygn am baratoi ar gyfer rhyfel i amddiffyn y rhyddid hwnnw sydd mor annwyl inni, y rhyddid sydd eisoes wedi ei golli mewn rhannau helaeth o Ewrob, ac a fygythir gan ymosodiadau pellach. Os y caniateir i'r bwgwth hwn ddod yn ffaith, fe wanheir y gweriniaethau sy'n aros, a bygythir rhyddid, fel y deallwn ni ef, ar ein arfordir ninnau os nad ar ein haelwydydd. Datganasom ar fwy nag un achlysur nad ydym yn cydweld â'r Llywodraeth bresennol. Y mae ei dull o ddelio â materion y wlad hon, a'i pholisi tramor, yn rhwym o ddod dan farn condemniad hanesydd y dyfodol, – a chaniatáu y caiff ef ryddid i ysgrifennu'n ddilestair, y rhyddid hwnnw a ddifodwyd eisoes yn yr Almaen a'r Eidal. Ar yr un pryd, rhaid i'r wlad hon baratoi yn ddiymdroi i gyfarfod unrhyw ymosodiad a wneir arni hi neu ar wledydd gwerinol eraill na allant yn eu nerth eu hunain wrthsefyll gallu'r Unbennau. Er gwaethaf datganiadau y rhai hynny a ddywed na chaniatâ eu cydwybod iddynt ymuno â'r fyddin – a lle bo hynny'n hollol ddiffuant ni all neb estyn bys atynt – credwn y bydd i Gymru wneud ei rhan. . . . Datganasom ein barn eisoes fod Gwasanaeth Gwirfodd ar ei brawf olaf, ac ofnwn nad oes ond un canlyniad i fethiant y gyfundrefn Gwirfodd – mesur helaeth o Orfodaeth sydd mor atgas i feddwl pob Cymro. Casáwn ryfel â'n holl galon, ond carwn ein rhyddid a'n delfrydau democrataidd yn fwy. Ac os y gorfodir Prydain i sefyll yn erbyn ymosodiadau'r Unbennau, credwn y bydd i drigolion y wlad hon wynebu eu cyfrifoldebau a chwarae eu rhan yn amlwg.

Yn fuan wedyn cadarnhawyd ofnau'r papur pan benderfynodd y Llywodraeth osod gorfodaeth filwrol ar

Brydain, penderfyniad a feirniadwyd yn llym ganddo. Ond er gwaethaf ei wrthwynebiad, yr oedd bellach o'r farn y dylid ufuddhau i'r ddeddf. Dyma enghraifft arall o'r modd y newidiodd y papur ei farn.

Yn ysgrif flaen 26 Awst 1939, lai nag wythnos cyn i filwyr yr Almaen ymosod ar Wlad Pwyl ac i'r Ail Ryfel Byd ddechrau'n swyddogol, yr oedd *Y Cymro* bellach yn barod amdano:

> Hwyrach mai dyma ei ymdrech fawr olaf [*sef Hitler*], hwyrach fod trachwant am reoli'r byd wedi ei feddiannu. Pwy a ŵyr? Ond, beth bynnag a benderfyna, ac ar ba dir bynnag y gwna hynny, gwell fuasai gan y wlad hon a'i thiriogaethau syrthio'n ymladd dros ddilysrwydd a gwirionedd na bod yn faes hela i reolwyr presennol yr Almaen, ac yn gaethweision i genedl a drodd, unwaith yn rhagor, oddi wrth bethau heddychol i lwybr gwaed a'r cleddyf. Beth bynnag a ddeilliaw o'r argyfwng presennol, y mae'r wlad hon yn barod. Mae'r wlad yn anghymharol gryfach nag yn 1914 ac yn deall yn llawnach beth a fyddai effeithiau Unben llwyddiannus ar ryddid a bywyd y wlad hon. Ni amheuir beth a fydd y canlyniad, yn y pen draw, o ryfel, ar un llaw gydag Unben sy'n byw ar gaethiwo, a gwledydd yn ymladd dros ryddid a'r gwirionedd, ar y llaw arall. Fe geir goruchafiaeth ar erchyllltra'r rhuthriadau ofnadwy o'r awyr, a thrwy hyn fe selir tynged Unben yr Almaen.

Gyda thoriad y rhyfel ymunodd Einion Evans, ail olygydd *Y Cymro*, â'r Awyrlu Brenhinol, ac o hynny hyd 1946 cyd-olygwyd y papur gan Edwin Williams a J. R. Lloyd Hughes. Yn ysgrif flaen rhifyn 7 Hydref 1939 dywedwyd na ddylid ar unrhyw gyfrif dderbyn cynigion o 'heddwch' gan Hitler yn yr wythnosau cyntaf hyn:

> Bu sôn ers tro y byddai'r Almaen, cyn gynted ag y byddai wedi crafangu tir Poland, yn troi at Brydain a

Ffrainc gyda chais am wneuthur 'heddwch'. 'Y mae
Poland wedi mynd; nid oes dim yn awr i ymladd o'i
blegid; awn adref.' Dyna'r apêl y dymunai Hitler ei
gwneud drwy enau Mussolini. Ond y mae Mussolini,
yn ei galon, yn deall pethau'n well na hyn. Y mae'n
gwybod y carem ni oll gael heddwch – heddwch
anrhydeddus i barhau. Ond fe fyddai derbyn heddwch
trwy aberthu'r egwyddorion y safasom arnynt yn beth
di-anrhydedd a llwfr. Ac yn sicr, ni fyddai'r heddwch yn
parhau. Fe âi'r ymosodwyr ymlaen i ladrata. Lladrad yw
nod y 'cynigion heddwch' – fe ddywedodd ein
Gohebydd Gwleidyddol hyn yr wythnos diwethaf.
'Byddant yn cael eu hanelu', meddai, 'at yr
ymerodraethau, at eiddo Prydain a Ffrainc, a chyda hwy
ymerodraethau anarfog Holland a Portugal.'

A oes rhywun yn credu o ddifrif, pe gwneid heddwch
â'r Almaen yn awr, y byddai gobaith am unrhyw fath o
ddiogelwch yn Ewrob yn ystod y flwyddyn nesaf?
Ffrainc oedd i fod i'w dinistrio nesaf, fel y deil ein
Gohebydd Gwleidyddol, a phe bai holl nerth yr Almaen
yn cael ei grynhoi ar derfynau Ffrainc, i ymosod yn
sydyn arni, gobaith gwan fyddai am ei hachub. Yr
ydym yn ymladd heddiw, a rhaid inni barhau i ymladd
hyd fuddugoliaeth, yn erbyn y chwant goncwerio sydd
yng nghraidd y blaid honno sy'n dal bod gan yr Almaen
hawl i dra-arglwyddiaethu ar Ewrob trwy rym.

Diddorol iawn yw ysgrif flaen 13 Ebrill 1940. Er yn cydnabod
i Gymru gael ei hesgeuluso droeon gan Lywodraeth Lloegr,
mynegir rhyddhad fod Cymru a Lloegr yn unol cyn belled ag
yr oedd yr Ail Ryfel Byd yn y cwestiwn:

Y mae'n wir bod gennym ni yn y wlad hon lawer o le i
achwyn ar agwedd Llywodraeth Lloegr yn ei
hymwneud â'n pethau mwyaf cysegredig. Y mae llu o
broblemau a dyheadau cenedlaethol na chânt nemor
ddim parch gan y Llywodraeth ac y mae Cymry gartref
ac oddi cartref yn awyddus iawn am i'r problemau hyn

gael eu setlo. Disgwyliwn iddynt gael sylw dyladwy gan y Llywodraeth os gwir mai ymladd am yr hyn sy'n iawn, dros gyfiawnder a rhyddid, yw prif amcan yr Ymerodraeth Brydeinig. Serch hynny yn wyneb yr anrheithio hwn ar wledydd bychain gan yr Almaen, nid oes un Cymro gwerth ei halen na theimla'n falch bod Lloegr yn sefyll rhwng Cymru a Hitler yn awr, ac na wna ei ran, yn unol â'i gydwybod, tuag at orchfygu'r anghenfil brwnt hwn sy'n goresgyn y gwan yn y gobaith y bydd iddo orchfygu'r cryf.

Tanlinella'r sylwadau hyn y gwahaniaeth rhwng agwedd *Y Cymro* ac agwedd Saunders Lewis a'r Blaid Genedlaethol Gymreig at y rhyfel, gwahaniaeth sylfaenol iawn fel y dengys dau gartŵn a ymddangosodd ar flaen y papur, y naill ohonynt bron flwyddyn cyn toriad y rhyfel a'r llall bron flwyddyn wedi i'r rhyfel ddechrau.

Ymddangosodd y cartŵn cyntaf ar dudalen flaen rhifyn 22 Hydref 1938 yn sgil sylwadau Saunders Lewis mewn cyfarfod o'r Blaid Genedlaethol yn Wrecsam ychydig ddyddiau ynghynt, pryd y dywedodd, yn ôl *Y Cymro*:

Dinistr yn unig a ddôi i ran Cymru, meddai, pe digwyddai rhyfel. Gwnaeth y creisis diweddar ddau beth yn amlwg. Yn gyntaf tynnodd sylw'r holl fyd at fodolaeth anghyfiawnderau tuag at genhedloedd bychain, bod gan y cenhedloedd hyn hawliau, ac mai cam dybryd ydoedd ymladd yn erbyn yr hawliau hynny mewn unrhyw ryfel a ddigwyddo. Datguddiodd y creisis hefyd mai bwriad digamsyniol Llywodraeth Loegr mewn unrhyw ryfel yn y dyfodol fyddai anwybyddu bodolaeth Cymru fel uned genedlaethol, a thrin Cymru er mantais iddi ei hun. Ar y naill law lletyid plant Lloegr wrth y miloedd yng nghartrefi a phentrefi ein gwlad; ar y llaw arall byddai rhaid i wŷr a gwragedd Cymru ymuno mewn gwasanaeth gorfod. Ymhen dwy flynedd golygai hyn ddinistr llwyr i'n cenedl, beth bynnag fydd y canlyniadau i Loegr. 'Credaf', meddai, 'fy mod yn siarad dros holl bobl gyfrifol Cymru pan ddywedwyf mai dyletswydd Llywodraeth Loegr yn awr yw penderfynu a chyhoeddi i'r byd y bydd i'w pheiriant milwrol a'i Swyddfa Gartref ddileu yn ddioed unrhyw drefniadau brys ar gyfer gwarchod a fydd yn rhwym o ddansoddi a diddymu bywyd a thraddodiadau Cymru oll ...'

Cythruddwyd aelodau a chefnogwyr y Blaid Genedlaethol gan ddehongliad negyddol *Y Cymro* o anerchiad Saunders Lewis a chan y cartŵn hwn, sy'n dangos plentyn bach o Sais a'i fam yn ymbil ar Gymru am dosturi ac ymgeledd gan fod awyrennau'r

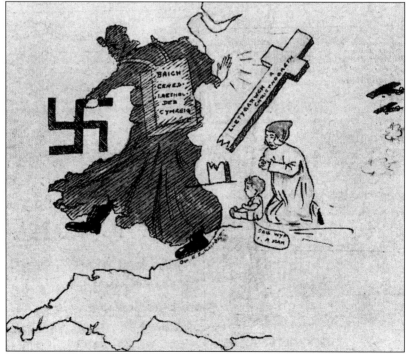

29 'Y Gymru Newydd!': cartŵn a ymddangosodd ar dudalen flaen
Y Cymro, 22 Hydref 1938.

gelyn i'w gweld yn y cefndir yn bomio eu cartrefi. Y mae Cymru, fodd bynnag, sydd wedi ei phersonoli ac yn dal Swastika yn ei llaw, yn amlwg yn troi ei chefn arnynt, ac yn ôl y groes faluriedig nid yw lletygarwch a Christnogaeth yn golygu dim iddi. Digiwyd y Blaid Genedlaethol gan yr ensyniad amlwg yn y darlun mai 'Baich Cenedlaetholdeb Cymreig' a oedd yn gyfrifol am y fath oerni tuag at y plentyn a'i fam, a'r modd y cysylltwyd hynny â Natsïaeth drwy roi iddo'r teitl awgrymog: 'Y Gymru Newydd'.

Dywedir i Mr. Saunders Lewis, wrth annerch cyfarfod yn Wrecsam yr wythnos diwethaf 'wrthwynebu i letya ugeiniau o filoedd o blant ysgol a ffoaduriaid o Lundain a dinasoedd y canolbarth yng nghartrefi a phentrefi Cymru', pe deuai rhyfel ar y tir y byddai hynny'n achosi dinistr i fywyd a thraddodiad cenedlaethol Cymru. Paham y mynn Mr. Saunders Lewis wthio ei genedlaetholdeb ar draul y plant alltud anffodus hyn dan gochl dinistr i'r diwylliant a'r traddodiad Cymreig pan fo ugeiniau o filoedd o ymwelwyr o Saeson yn barod yn byw yng Nghymru a phan fo ugeiniau o filoedd o ymwelwyr o Loegr yn dod i Gymru bob haf? Golyga cenedlaetholdeb y Blaid Genedlaethol Gymreig sy'n cael ei gario i eithafion o wrthwynebu i ffoaduriaid anffodus o Loegr lochesu yn ein gwlad, fod clog Nazïaeth, a bortreadir mor briodol gan ein darlunydd, yn debyg o roddi terfyn ar ein diwylliant a'n traddodiadau yn llawer mwy effeithiol nag agor ein drysau i ffoaduriaid ieuainc p'run a drefnir hynny gan Chamberlain neu a orfodir arnom gan Hitler. Dywedodd Mr. Saunders Lewis y credai ei fod yn siarad dros holl bobl gyfrifol Cymru yn y mater hwn. Ni fu erioed yr un honiad ymhellach oddi wrth y gwirionedd. Byddai cenedlaetholdeb o'r fath yn atgas yng ngolwg y mwyafrif mawr o Gymry, a byddai Mr. Saunders Lewis a phob aelod o'r Blaid, ni gredwn, mewn gwirionedd, yn barod i wneud y cwbl a allant i helpu ac amddiffyn plant dychrynedig – yn Saeson, Iddewon, neu yn blant croenddu. Nid yw diwylliant na thraddodiad sy'n cau ei ddrws rhag ffoaduriaid yn deilwng i ymladd drosto.

O gymharu'r ddau ddarn uchod gwelir bod un ohonynt, neu'r ddau efallai, yn anghywir neu yn anghyflawn. Yn ôl yr adroddiad swyddogol, ni cheir unrhyw awgrym fod Saunders Lewis wedi dweud yr hyn yr honnir iddo ei ddweud yn y paragraff cyntaf o dan y cartŵn (sydd, sylwer, mewn dyfynodau). Golyga hyn naill ai fod Saunders Lewis *wedi* dweud yn gwbl bendant y byddai'n gwrthwynebu lletya miloedd o ffoaduriaid o Loegr pe deuai rhyfel, a bod adroddiad *Y Cymro* wedi anwybyddu hynny, neu na ddywedodd Saunders Lewis y fath beth o gwbl a bod *Y Cymro* felly, yn fwriadol neu'n anfwriadol, wedi camddehongli ei eiriau mewn modd a roddai argraff anffafriol ohonynt.

Ar hyn o bryd y mae'r gwirionedd ynghylch y cyfan braidd yn niwlog, ond ar dudalen flaen *Y Cymro* yr wythnos ddilynol ymddangosodd llythyr gan yr Athro J. E. Daniel, is-lywydd y Blaid, a oedd yn amlwg wedi ei siomi yn y papur. Gwadodd yn bendant i Saunders Lewis erioed ddweud y fath beth a rhoes ei ddehongliad ei hunan o'r geiriau a lefarwyd yn Wrecsam:

Er y gwyddwn o'r blaen nad yw'r 'Cymro' yn gyfaill i'r Blaid Genedlaethol, arferwn gredu ei fod yn barod i wneuthur chwarae teg â barn yr anghytunai â hi. Gan hynny, gyda syndod a siom fawr y gwelais y cartŵn a ymddangosodd yn eich rhifyn diwethaf yn trafod geiriau Mr. Saunders Lewis yn Wrecsam. Wedi ei weld, haws o lawer gennyf gredu i chwi wneuthur ymdrech ddygn i gamddeall Mr. Lewis yn hytrach na'r ymdrech leiaf i'w ddeall . . .
Caniatewch y sylwadau a ganlyn:
1. Ni ddywedodd Mr. Lewis erioed ei fod yn gwrthod lloches Cymru i blant mewn perygl o'u bywyd.

Darllenwch yr adroddiad o'i araith unwaith eto gyda mwy o bwyll a llai o ragfarn.

2. Dywedyd yr ydoedd ei fod ym mwriad Lloegr wneuthur hwylustod o Gymru yn y rhyfel nesaf i osod ugeiniau o filoedd o blant Seisnig yng nghartrefi a phentrefi *Cymraeg* Cymru, ac y byddai hynny, pe parhai am ddwy flynedd yn ergyd farwol i iaith a diwylliant Cymru.

3. Gan hynny, oni fedrai Lloegr fyned i ryfel heb ddinistrio iaith a thraddodiad Cymraeg Cymru, yna ei dyletswydd oedd un ai ymwadu â rhyfel *neu* estyn i Gymru yr hawl i amddiffyn ei hiaith a'i bywyd a'i thraddodiadau rhag y gorlif Seisnig hyn. Ystyr hyn yn amlwg yw mai *Cymru* a benderfynai pa nifer o ffoaduriaid y gallai eu derbyn ac ar ba amodau . . .

Dengys yr ymateb maith a digyfaddawd, a chwbl nodweddiadol o'r *Cymro*, a brintiwyd gyferbyn â'r llythyr hwn fod rhwyg dwfn iawn yn bodoli rhwng y papur a'r Blaid Genedlaethol. Yn wir, tybiai'r *Cymro* y gwyddai'n dda paham yr oedd y Blaid Genedlaethol mor amhoblogaidd:

O'n rhan ni, hyn a ddywedwn: Pe gwnelsai Mr. Saunders Lewis achos clir, ar bwys ei ofnau o dranc ein diwylliant, dros sefydlu Cyngor Cenedlaethol i Gymru, a chael Ysgrifennydd swyddogol inni yn Senedd Prydain, enillasai ef a'i Blaid gorff cryf o gefnogaeth yng Nghymru – corff sydd yn awr yn gwrthod cefnogaeth iddynt oherwydd yr agwedd wrth-Seisnig a fabwysiada'r Blaid. O gario'r agwedd i'w heithafbwynt rhesymegol, y canlyniad fydd Cymru o'r fath a ddarluniwyd gan ein cartwnydd. I derfynu, ai dyma bolisi'r Blaid Genedlaethol? – Penderfyniad i wahardd derbyn i Gymru blant ar ffo o Loegr yn amser rhyfel, hyd oni chaniateir Ymreolaeth i Gymru.

Y mae'r anghydfod hwn yn enghraifft ragorol o'r modd y gall dwy ochr a chanddynt ddaliadau gwrthgyferbyniol drin a dehongli yr un geiriau yn wahanol, a hynny er mwyn propaganda. Er na ddywedodd Saunders Lewis yn benodol yn ei araith yn Wrecsam na fyddai'n gwrthod derbyn ffoaduriaid anghenus ar adeg o ryfel, yn sicr gellid dehongli ei eiriau yn y fath fodd. Felly, yr oedd gan *Y Cymro* berffaith hawl i gyhoeddi'r cartŵn a'r sylwadau oddi tano gan mai dyna oedd ei ddehongliad o eiriau Lewis.

Fodd bynnag, ceir un frawddeg arwyddocaol iawn yn y sylwadau uchod sy'n allweddol i ddeall natur yr anghydfod, sef 'O gario'r agwedd honno i'w heithafbwynt rhesymegol, y canlyniad fydd Cymru o'r fath a ddarluniwyd gan ein cartwnydd.' Cyfeddyf *Y Cymro* nad yw'r cartŵn yn adlewyrchiad cywir o'r hyn a ddywedwyd yn Wrecsam, ond yn hytrach ei fod yn adlewyrchu'r hyn y gallasai Saunders Lewis fod wedi ei olygu *o gario'r cyfan i'w eithafbwynt rhesymegol*. Hynny yw, dewisodd *Y Cymro* ddehongli sylwadau Saunders Lewis yn y dull mwyaf negyddol, a hynny oherwydd nad oedd y papur yn cytuno â daliadau'r Blaid Genedlaethol. Gellid dadlau bod hyn yn dangos rhagfarn gan bapur a oedd mor hoff o frolio ei fod yn ceisio bod yn deg â phawb.

Ar dudalen flaen *Y Cymro* 24 Awst 1940 ymddangosodd cartŵn arall yn gwatwar y Blaid Genedlaethol Gymreig, y tro hwn yn sgil cynnig a wnaethai Saunders Lewis ar ran Pwyllgor Gwaith y Blaid ac a gawsai ei dderbyn yn unfrydol yn eu cynhadledd flynyddol bythefnos ynghynt. Yn yr achos hwn, yn wahanol i'r anerchiad blaenorol yn Wrecsam, nid oedd unrhyw amheuaeth ynglŷn â'r union eiriau a lefarwyd gan Saunders Lewis, ond yr oedd dehongliad cartŵn *Y Cymro* o'r geiriau hynny mor ddadlennol ag erioed ac unwaith eto'n bychanu'r Blaid Genedlaethol. 'Y Blaid a'r Law Rudd' oedd pennawd y cartŵn.

Er mwyn deall arwyddocâd y cartŵn hwn yn llawn y mae'n rhaid dyfynnu yn gyntaf ddarn allan o adroddiad a ymddangosodd ar dudalen ôl *Y Cymro* ar 17 Awst 1940:

30 'Y Blaid a'r Law Rudd': cartŵn a ymddangosodd ar dudalen flaen
Y Cymro, 24 Awst 1940.

Derbyniwyd yn unfrydol yng nghynhadledd flynyddol y Blaid Genedlaethol yn Aberystwyth ddydd Sadwrn, gynnig a wnaeth Mr. Saunders Lewis ar ran y Pwyllgor Gwaith, sef: *'Ein bod yn apelio at y Llywodraeth am gadoediad buan, ac osgoi cyflafan pellach, a datgan ein siomedigaeth o'i gwaith yn gwrthod apêl a chyfle am gadoediad.'* Cafwyd cynhadledd lwyddiannus a daeth cynrychiolaeth ynghyd o ganghennau pell ac agos dros Gymru oll.

Wrth gychwyn ei anerchiad dywedodd yr Athro J. E. Daniel, Llywydd, fod llwyddiant y gynhadledd hon yn argoel da am sêl a gweithgarwch y Blaid yn yr amser anodd hwn. Rhoddwyd cymeradwyaeth uchel i anerchiad yr Athro ar 'Y Blaid a'r Rhyfel Bresennol'. Wrth orffen ei anerchiad, apeliodd at yr holl genedlaetholwyr i sefyll yn gadarn. 'Amcan a phwrpas y Blaid yw cadw yn fyw y genedl Gymreig; dyna'r hyn y rhaid ei wneud. Nid oes unrhyw system o lywodraeth o fawr bwys o'i gyferbynnu â bywyd y genedl. Gan hynny, nid ein gwaith ni yw ymladd yn erbyn totalitariaeth yr Almaen a llai fyth ddewis rhwng totalitariaeth yr Almaen a thotalitariaeth Lloegr.'

Y frawddeg olaf hon, lawn cymaint â chynnig Saunders Lewis, a ysgogodd y cartŵn diweddaraf hwn, ac yn y bôn asgwrn y gynnen unwaith eto oedd y gwahaniaeth barn sylfaenol rhwng y Blaid Genedlaethol a phapur newydd *Y Cymro* ar bwnc y rhyfel. Dengys geiriau'r Athro Daniel ei fod ef, ynghyd ag aelodau eraill y Blaid, yn llwyr wrthwynebus i'r rhyfel nid yn unig am ei fod yn golygu anafu, lladd a dinistrio ar raddfa enfawr ond hefyd am eu bod yn credu nad lle Cymru – a oedd, yn eu tyb hwy, yn wlad ynddi'i hun ac yn hollol ar wahân i Loegr – oedd ymladd yn erbyn yr Almaen.

Yr oedd *Y Cymro*, fodd bynnag, ynghyd â mwyafrif llethol pobl Cymru, o'r farn fod y rhyfel hwn yn gwbl gyfiawn gan nad oedd unrhyw ffordd arall o roi terfyn ar Natsïaeth ddieflig Hitler, grym a oedd mor ddrygionus a phwerus fel y gallai ledaenu drwy holl wledydd y byd. Iddynt hwy, felly, yr oedd peidio â herio'r Almaen, fel yr awgrymai'r cartŵn, yn caniatáu 'drws agored' i Hitler i goncro Prydain a gweddill y byd. Yn wahanol i aelodau'r Blaid Genedlaethol, yr oeddynt hefyd yn gwbl argyhoeddedig fod Cymru, er ei bod yn wlad ynddi ei hun, hefyd yn rhan annatod o Brydain Fawr ac mai ei dyletswydd onid ei braint oedd cynorthwyo Prydain.

Yng ngoleuni'r gwahaniaeth sylfaenol ar fater mor bwysig â hwn, hawdd deall paham y dehonglwyd cynnig Saunders Lewis fel y gwnaed yn y cartŵn; nid yw hynny, fodd bynnag, yn tynnu dim oddi ar y ffaith fod *Y Cymro*, unwaith yn rhagor, wedi darlunio Saunders Lewis a'r Blaid Genedlaethol â'r brws duaf posibl.

Yr oedd safbwynt *Y Cymro* yn ystod yr Ail Ryfel Byd yn gwbl unol â safbwynt trigolion Cymru yn gyffredinol, sef mai dyletswydd Cymru oedd gwneud popeth yn ei gallu i gynorthwyo Prydain. Oherwydd ei fod yn credu mor gryf fod Cymru yn rhan o Brydain, yr oedd *Y Cymro*, megis mwyafrif trigolion y wlad, yn gwbl wrthwynebus i'r Blaid Genedlaethol Gymreig, plaid a ystyrid yn eithafol ei hagwedd, yn amherthnasol i wleidyddiaeth Cymru, a hefyd yn berygl i'r wlad. Gellir diffinio safbwynt y papur fel un *cenedlaethol* Gymreig ond nid un *Cenedlaethol* Gymreig, hynny yw, yr oedd yn gefnogwr brwd i Gymru fel gwlad cyn belled â'i bod yn rhan o Brydain. Yn hyn o beth yr oedd daliadau'r *Cymro* yn dra gwahanol i eiddo'r *Faner*, papur a bleidiodd achos Saunders Lewis a'r Blaid Genedlaethol Gymreig yn gynnar iawn.

Yn y bôn, felly, papur y consensws poblogaidd oedd *Y Cymro*, a'i agwedd at y Blaid Genedlaethol Gymreig yn nodweddiadol o'r farn boblogaidd yng Nghymru y pryd hwnnw. Er ei fod yn cefnogi cenedlaetholdeb Cymreig yn yr ystyr ei fod bob amser yn arddel delfrydau a hawliau pennaf Cymru ac yn brwydro'n galed dros faterion megis yr hawl i gael Ysgrifennydd dros Gymru a'r hawl i ddewis pa iaith i'w siarad mewn llys barn, gwrthwynebai'r *Cymro*, megis mwyafrif llethol pobl Cymru, yr hyn a ystyriai yn genedlaetholdeb eithafol, cul a pheryglus y Blaid Genedlaethol Gymreig. Purion nodi hefyd ei fod yn gwbl wrthwynebus i'r Blaid Geidwadol Seisnig. Ar y llaw arall, cefnogai'n gadarn ddelfrydau democrataidd y Blaid Ryddfrydol a hefyd Sosialaeth y Blaid Lafur.

Blynyddoedd diddorol yw'r rheini sydd dan sylw yn yr ysgrif hon oherwydd eu bod yn dynodi diwedd cyfnod yng ngwleidyddiaeth Cymru, sef cyfnod cyffredinol o drawsnewid yng nghefnogaeth y cyhoedd o'r Blaid Ryddfrydol i'r Blaid Lafur. Ar ddiwedd y bedwaredd ganrif ar bymtheg a dechrau'r ugeinfed ganrif enillai'r Blaid Ryddfrydol rhwng hanner a dwy ran o dair o holl bleidleisiau etholwyr Cymru ym mhob etholiad cyffredinol, ynghyd â mwyafrif llethol y seddau. Yn raddol yn ystod yr ugeinfed ganrif, fodd bynnag, newidiodd

Cymru i fod yn gynyddol bleidiol i Lafur, yn enwedig yn ardaloedd diwydiannol a phoblog y De. Dengys y tabl canlynol y newid graddol a fu yng ngwleidyddiaeth Cymru yn hanner cyntaf yr ugeinfed ganrif: yn etholiad cyffredinol 1900 enillodd y Blaid Ryddfrydol 53.4 y cant o'r bleidlais a 26 allan o'r 34 sedd yng Nghymru. Yn yr un etholiad enillodd y Blaid Lafur 5.3 y cant o'r bleidlais ac un sedd yn unig. Yn etholiad cyffredinol 1945, fodd bynnag, gostyngodd canran y Blaid Ryddfrydol o'r bleidlais i 15.2 y cant, a saith sedd yn unig a enillwyd, tra cododd canran y Blaid Lafur i 58.3 y cant a nifer ei seddau i 25:

	Rhyddfrydwyr		Rhyddfrydwyr Cenedlaethol		Ceidwadwyr		Llafurwyr	
	Nifer y seddau	Canran y bleidlais	Nifer y seddau	Canran y bleidlais	Nifer y seddau	Canran y bleidlais	Nifer y seddau	Canran y bleidlais
1900	26	53.4	–	–	6	34.5	1	5.3
1906	28	52.5	–	–	–	29.8	1	5.6
1910	27	51.1	–	–	2	30.4	5	16.4
1910	26	47.6	–	–	3	30.7	5	19.1
1918	2	9.7	19	39.3	4	11.2	10	34.0
1922	2	7.6	9	26.7	6	21.4	18	40.7
1923	11	35.4	–	–	4	21.0	19	41.9
1924	11	31.1	–	–	9	28.3	16	40.6
1929	10	33.6	–	–	1	21.9	25	43.8
1931	5	14.6	4	6.9	6	22.1	15	41.7
1935	8	18.3	2	4.1	6	23.3	18	45.4
1945	7	15.2	1	4.8	3	16.5	25	58.3

Canlyniad prif bleidiau gwleidyddol Cymru yn etholiadau cyffredinol 1900–1945

Dengys yr ystadegau trawiadol hyn fel y newidiodd y gogwydd gwleidyddol yng Nghymru rhwng 1900 a 1945 o Ryddfrydiaeth i Lafur. Gelwir y cyfnod hwn yng ngwleidyddiaeth Cymru yn gyfnod Rhyddfrydol-Lafurol, y cyfnod 'Lib-Lab', pryd yr oedd pobl yn troi eu golygon o'r naill blaid i'r llall, gan ryw hanner cefnogi delfrydau'r ddwy blaid fel ei gilydd. Yn y cyfnod hwn hefyd gwelwyd yr un tueddiadau a'r un patrwm o newid meddwl yn yr undebau llafur a'r enwadau crefyddol.

Yn y bôn, papur Rhyddfrydol oedd *Y Cymro*: Rhyddfrydwr oedd Rowland Thomas, ei sefydlydd, a'r *Cymro* oedd cefnogwr mwyaf brwd Lloyd George. Y mae'n ddiddorol, fodd bynnag, mai adeg Etholiad Cyffredinol 1945 yn unig y rhoes y papur ei gefnogaeth i'r Rhyddfrydwyr yn benodol ar draul y pleidiau gwleidyddol eraill; yn gyffredinol, rhannai ei deyrngarwch rhwng gwerthoedd democrataidd y Blaid Ryddfrydol a gwerthoedd sosialaidd y Blaid Lafur. Felly, er na ellir gwadu na fu'r *Cymro* cynnar, yn unol â'i arwyddair, yn bapur cenedlaethol, ni ellir ei ystyried yn bapur cenedlaetholaidd gan ei fod yn adlewyrchu'r consenws gwrth-genedlaethol a fodolai y pryd hwnnw.

DARLLEN PELLACH

D. Hywel Davies, *The Welsh Nationalist Party, 1925–1945: A Call to Nationhood* (Caerdydd, 1983).

John Davies, *Hanes Cymru* (Llundain, 1990).

Gwynfor Evans, 'Hanes Twf Plaid Cymru 1925–1995', *Cof Cenedl X*, gol. Geraint H. Jenkins (Llandysul, 1995).

Dafydd Jenkins, *Tân yn Llŷn: Hanes Brwydr Gorsaf Awyr Penyberth* (Aberystwyth, 1937).

Aled Gruffydd Jones, *Press, Politics and Society: A History of Journalism in Wales* (Caerdydd, 1993).

Beti Jones, *Etholiadau'r Ganrif: 1885–1997* (Talybont, 1999).

John Edward Jones, *Tros Gymru* (Abertawe, 1970).

John Tudor Jones (John Eilian), 'Genedigaeth y Ford Gron – yna'r Cymro', *Y Casglwr*, rhif 2 (Awst 1977).

Kenneth O. Morgan, *Rebirth of a Nation: Wales 1880–1980* (Rhydychen, 1981).

Robbie Thomas, *The Advertizer Family: A History of North Wales Newspapers Limited* (Croesoswallt, 1988).

TELEDU CYMRU: MENTER GYFFROUS NEU FREUDDWYD FFÔL?

Jamie Medhurst

I wŷr Llundain, talaith *yw Cymru, nid* cenedl, *rhywbeth tebyg i siroedd y Gogledd neu'r Canolbarth.*

T. J. Morgan

Yn ei gyfrol *Annwyl Gyfeillion*, a gyhoeddwyd ym 1975, y mae'r newyddiadurwr John Roberts Williams yn disgrifio cwmni Teledu Cymru fel 'y fenter breifat fwyaf yn hanes yr iaith Gymraeg, canys y symbyliad oedd derbyn sialens cyfrwng newydd sbon, meistroli a defnyddio'r cyfrwng i hybu'r iaith ar yr aelwyd'. Yn ddiweddarach yn y gyfrol, serch hynny, cyfeiria at y fenter fel 'anturiaeth drychinebus'. Bwriad yr ysgrif hon yw olrhain hanes y cwmni unigryw hwn, gan ystyried o'r newydd amcanion ac uchelgais y sylfaenwyr, a thrafod y ffactorau a arweiniodd at fethiant y cwmni ar ddiwedd 1963 wedi deng mis yn unig o ddarlledu.

Fel y nododd John Davies yn ei astudiaeth o hanes y BBC yng Nghymru, nid oes amheuaeth nad yw darlledu wedi chwarae rhan allweddol a chanolog yn y dasg o lunio cymuned genedlaethol: 'The entire national debate in Wales, for fifty years and more after 1927, revolved around broadcasting . . . the other concessions to Welsh nationality won in those years were consequent upon the victories in the field of broadcasting.' Dywed y cynhyrchydd teledu Michelle Ryan hithau mai'r teledu yw un o'r prif gyfryngau sy'n ein galluogi i amgyffred y cysyniad o hunaniaeth genedlaethol, yn enwedig hunaniaeth ieithyddol. Gan gyfeirio at yr ymgyrch i sefydlu Sianel Pedwar Cymru, meddai:

> Behind the campaign for a Welsh television channel was the clear understanding that if the Welsh language and its culture were to survive, it would have to have its own communications network linking the separate Welsh-speaking communities and providing the language with a more cohesive identity.

Dyma hefyd oedd y prif symbyliad yn hanes y cwmni teledu a welodd olau dydd ugain mlynedd cyn dyfod S4C.

Ers dyddiau cynnar hanes darlledu yng Nghymru,
llywiwyd y ddadl a'r drafodaeth gan yr agenda ddiwylliannol
ac ieithyddol. Yn hyn o beth, gellir canfod cymhariaeth eglur
ag Iwerddon. Dengys gwaith ysgolheigion megis Martin
McLoone a Lance Pettitt fod ofnau ynghylch imperialaeth
ddiwylliannol yn ganolog pan oedd y Dail yn trafod sefydlu
gwasanaeth darlledu. Er bod tair prif swyddogaeth yn perthyn
i ddarlledu yn Iwerddon, sef swyddogaeth wleidyddol,
economaidd a diwylliannol, rhoddid y flaenoriaeth bob tro i'r
swyddogaeth ddiwylliannol. Yng Nghymru datblygodd
gwrthwynebiad chwyrn i bolisi Cyfarwyddwr Cyffredinol
cyntaf y BBC, John Reith, i ganoli grym ym mhrifddinas
Lloegr. O'r cychwyn, yr oedd Reith yn awyddus i osod
cyfundrefn unffurf ar ddarllediadau a thybiai mai ei
gyfrifoldeb ef oedd 'goleuo' y boblogaeth, gan roi iddynt y
'gorau' o bob dim. Yn ei dyb ef, yn naturiol, yr oedd y 'gorau'
yn deillio o Lundain – y metropolis – ac yn rhagori ar unrhyw
fath o ddiwylliant rhanbarthol a lleol. Fel y dywedodd Kevin
Williams:

> At the heart of Reith's contribution to British
> broadcasting was the imposition of a certain set of
> cultural values on the whole of Britain and the
> centralisation of these values at the expense of local
> regional and national differences.

Adlewyrchwyd y meddylfryd hwn gan Peter Eckersley, Prif
Beiriannydd y BBC, mewn erthygl yn rhifyn cyntaf y *Radio
Times* ym mis Medi 1923: 'what London thinks today, the
British Isles . . . think simultaneously'. Âi gafael Reith ar
fonopoli darlledu law yn llaw â'i awydd diwyro i reoli o
Lundain. Deuai unrhyw fath o gydnabyddiaeth i Gymru ar y
tonfeddi, felly, yn isel iawn ar restr ei flaenoriaethau. Yn
wir, tybiai Reith fod y diwylliant Celtaidd islaw sylw'r byd
gwareiddiedig.
    Pa ryfedd, felly, fod rhagfarn Reith a'i debyg yn sail i

ofnau cynifer ynglŷn â thynged yr iaith Gymraeg, y
diwylliant Cymraeg a 'ffordd o fyw' (a benthyg cysyniad
Raymond Williams) y Gymru Gymraeg yn ystod y
blynyddoedd rhwng y ddau Ryfel Byd. Fel y dywedodd cyn-
Bennaeth Rhaglenni BBC Cymru, Aneirin Talfan Davies,
mewn darlith radio a ddarlledwyd ym 1972: 'Gwthiwyd
cyfundrefn radio ar y genedl, heb ystyried o gwbl y
gwahaniaethau rhwng dwy genedl.' Ym 1927 ymddangosodd
adroddiad gan y Bwrdd Addysg yn dwyn y teitl *Y Gymraeg
mewn Addysg a Bywyd*. Ynddo ymosodwyd yn hallt ar y
Gorfforaeth Ddarlledu: 'Credwn fod polisi'r B.B.C. heddiw
yn fwy perygl nag odid ddim arall i fywyd yr iaith . . . Ni eill
dim fod yn foddhaol namyn gwneuthur llawn ddefnydd o'r
iaith Gymraeg, pa fodd bynnag y gellir dwyn hynny i ben.'
Crisialwyd diffyg dealltwriaeth a chydymdeimlad y BBC yn
yr ymateb a gafwyd gan Ernest Appleton, Cyfarwyddwr
Gorsaf Caerdydd ar y pryd:

> Wales, of her own choice, is part of the commonwealth
> of nations in which the official language is English . . .
> If the extremists who desire to force the language upon
> listeners in the area . . . were to have their way, the
> official language would lose its grip.

Yr iaith, felly, oedd hanfod y ddadl, a'r iaith a fyddai wrth
wraidd y brwydro parhaus dros hawliau Cymru ar y radio a'r
teledu wedi hynny. Y mae'n bwysig cofio hefyd fod awduron
ôl-drefedigaethol (megis Ngugi Wa Thiong'o, sydd wedi
astudio effaith imperialaeth ar ieithoedd Affrica) wedi nodi
bod dwy wedd yn perthyn i iaith, sef ei bod yn ffordd o
gyfathrebu ac yn gludydd diwylliant.

Yn ogystal â mater y Gymraeg, yr oedd fframwaith y BBC
hefyd yn destun pryder a dicter, ac yr oedd teimlad cryf o
rwystredigaeth yn bodoli oherwydd bod Cymru yn cael ei
hystyried yn 'rhanbarth' yn hytrach nag yn genedl.
Clymwyd Cymru wrth dde-orllewin Lloegr drwy greu'r

'Western Region' bondigrybwyll. Gellir synhwyro'r dicter wrth ddarllen rhai o gylchgronau'r cyfnod. Yn *Yr Efrydydd* ym mis Mawrth 1938, er enghraifft, meddai Evan D. Jones: 'Ar hyn o bryd nid yw Cymru ond rhanbarth ymhlith nifer o ranbarthau, ac y mae'n ddarostyngedig i benarglwyddiaeth y Gorfforaeth Genedlaethol . . . rhaid i ranbarth Cymru gael braint a rhyddid cyfundrefn genedlaethol'. Yn rhifyn Hydref 1938 o'r *Llenor*, meddai T. J. Morgan: 'I wŷr Llundain, *talaith* yw Cymru, nid *cenedl*, rhywbeth tebyg i siroedd y Gogledd neu'r Canolbarth; a drych o ddiwylliant talaith a ddylai rhaglenni Cymru fod, yn eu barn hwy, nid drych o ddiwylliant cenedl wahanol a gwahaniaethol.' Ychydig flynyddoedd cyn hynny, honnodd Saunders Lewis fod y BBC 'yn gweinyddu Cymru megis talaith wedi ei choncro'. Droeon cafwyd galw am wasanaeth i ddiwallu anghenion y genedl, yn eu plith erthyglau mewn cylchgronau megis *Y*

31 Syr David Hughes Parry, aelod o Fwrdd Cyfarwyddwyr Teledu Cymru.

Ddraig Goch a âi ati'n fwriadol i gynhyrfu'r dyfroedd drwy arddel teitlau megis 'Gorchfygwn y BBC!' Yn y cylchgrawn hwnnw ym mis Mai 1935 cyfeiriodd un awdur at 'orthrwm y BBC', gan adleisio erthygl a ymddangosodd yn y *Western Mail* yn ystod yr un mis yn cyfeirio at y Gorfforaeth fel 'offeryn gorthrwm dyddiol'. Wrth galon y gofid a'r dicter yr oedd ymdeimlad y *gellid* defnyddio'r radio er lles y Gymraeg, ond bod y cyfle yn cael ei golli. O'i chymharu â'r Alban, ni châi Cymru driniaeth deg, a chafwyd cyhuddiadau fod y BBC yn cydymdeimlo mwy â dyheadau'r Albanwyr nag â phobl Cymru. Un o'r prif resymau a roddwyd gan y Gorfforaeth dros beidio â sefydlu 'rhanbarth' Cymreig oedd natur y tirwedd mynyddig. Er i wyddonydd ifanc fel E. G. Bowen brofi nad oedd y ddadl hon yn dal dŵr, glynai'r BBC yn ystyfnig wrthi, gan beri i J. E. Jones, ysgrifennydd Plaid Cymru ar y pryd, ddweud bod pawb, wrth reswm, yn gwybod mai gwlad wastad oedd yr Alban!

Un ffactor pwysig arall i'w ystyried yn y frwydr ddarlledu oedd agwedd John Reith ei hun at Gymru a'i phobl. Er ei fod yn Albanwr, nid oedd ganddo fawr o barch at ei gefndryd Celtaidd. Ar un achlysur disgrifiodd Saunders Lewis fel 'dyn bach blin' a phan ddaeth dirprwyaeth o Brifysgol Cymru i'w weld ym 1928 er mwyn trafod y posibilrwydd o ddarparu gorsaf annibynnol i Gymru, cyfeiriodd Reith atynt yn ei ddyddiadur fel 'dirprwyaeth Gymreig wirion'. Disgrifiodd yr aelodau seneddol Cymreig ac aelodau o Bwyllgor y Brifysgol ar Ddarlledu y cyfarfu â hwy ym 1935 fel 'the most unpleasant and unreliable people with whom it has ever been my misfortune to deal'.

Serch hynny, erbyn diwedd 1935 yr oedd gan Gymru fesur o ryddid yn sgil ei hysgariad oddi wrth dde-orllewin Lloegr. Trwy benodi Cymry amlwg megis T. Rowland Hughes, Tom Pickering ac Arwel Hughes i swyddi allweddol yn y Gorfforaeth, gosodwyd seiliau cadarn ar gyfer y dyfodol. Ond daeth tro ar fyd yn ystod blynyddoedd yr Ail Ryfel Byd pan dociwyd ar y gwasanaeth Cymraeg a ddarperid i'r gwrandawyr. Y mae'n werth cofio hefyd fod darllediadau teledu wedi dechrau ym 1936 ond yn nalgylch Llundain yn unig y'u ceid. Pan ailddechreuodd y gwasanaeth teledu ym 1946 yr oedd cymdeithas wedi newid a'r galw wedi dechrau am wasanaeth a fyddai'n cystadlu yn erbyn y BBC. Gellir, felly, olrhain gwreiddiau teledu masnachol i flynyddoedd yr Ail Ryfel Byd a'r blynyddoedd dilynol. Profwyd cyfnod o newid cymdeithasol ar sawl lefel, ac o safbwynt masnachol yr oedd pwysau cynyddol ar y llywodraeth i gyflwyno gwasanaeth teledu newydd a fyddai'n ymateb i'r newidiadau cymdeithasol yn 'Oes y Llawnder', chwedl John Davies.

Ym 1949 sefydlwyd pwyllgor dan gadeiryddiaeth yr Arglwydd Beveridge i ystyried dyfodol darlledu yng ngwledydd Prydain. Daethpwyd i'r casgliad mai annoeth fyddai ceisio torri monopoli y BBC ar ddarlledu a gwrthodwyd y syniad o ddarparu gwasanaeth teledu ar seiliau masnachol wedi ei ariannu gan hysbysebion. Llofnododd deg o'r un aelod ar ddeg a oedd ar y pwyllgor yr adroddiad terfynol. Yr eithriad oedd Selwyn Lloyd, a lluniodd ef adroddiad lleiafrifol ar sail pedwar ffactor. Yn gyntaf, yr oedd yn dra beirniadol o faint y BBC (ceid 2,500 aelod o staff ym 1935 a 12,000 erbyn dechrau'r 1950au). Dadleuodd fod hyn yn arwain at fiwrocratiaeth ddrud iawn a chanoli diangen. Yn ail, awgrymodd y gallai'r monopoli beri i'r BBC orffwys yn hunanfodlon ar ei rhwyfau. Yn drydydd, tybiai Lloyd fod bodolaeth *un* corff darlledu yn unig yn rhwystr i greadigrwydd ac yn cau'r drws i leisiau newydd ffres. Gan nad oedd cyflogwr arall i'w gael, nid oedd cyflogaeth amgen i'w chael ychwaith. Yn olaf, drwgdybiai Lloyd rym y Gorfforaeth, yn enwedig yr hyn a ddisgrifiwyd ganddo yn 'gam-drin grym'. Tynnodd gymhariaeth â'r wasg, y byd cyhoeddi a'r theatr, gan ddadlau na fyddai unrhyw un yn ei iawn bwyll yn meiddio sefydlu *un* gorfforaeth ar gyfer y cyfryw feysydd a gadael i'r corff hwnnw benderfynu ar y papurau newydd neu'r llyfrau neu'r dramâu y dylai pobl eu darllen a'u gwylio. Paham, felly, y dylid trin darlledu yn wahanol? Gwrthun ganddo oedd syniad John Reith ynglŷn â grym monopoli: 'I do not like this brute force of monopoly', meddai, 'and I am afraid that its dangers in regard to this medium of expression are both insidious and insufficiently appreciated by the public.'

Pan gollodd y Blaid Lafur yr etholiad cyffredinol i'r Ceidwadwyr ym 1951 cafwyd newid yn yr hinsawdd wleidyddol yn sgil awydd y llywodraeth newydd i fabwysiadu polisïau eangiadol (*expansionist*). Cyfeiria'r hanesydd Arthur Marwick at y cyfnod wedi 1951 fel un a 'ryddhawyd' o gyfyngiadau a rheolau'r gorffennol. Daeth caledi'r Ail Ryfel Byd i ben, yr oedd cyflogau gweithwyr yn cynyddu, ac erbyn 1961 yr oedd gan 75 y cant o deuluoedd gwledydd Prydain set deledu. Gyda'r economi yn cryfhau a theimlad o lewyrch cymharol ar sawl lefel cymdeithasol, daeth pwysau o wahanol gyfeiriadau o blaid sefydlu gwasanaeth teledu newydd. Yn y byd gwleidyddol, y Ceidwadwyr oedd y ceffylau blaen ac yr oedd hysbysebwyr hefyd yn synhwyro'r potensial anferth a fodolai ar gyfer arddangos cynnyrch gerbron cynulleidfa sylweddol dan drefn ddarlledu fasnachol. Yn ystod y cyfnod hwn hefyd daeth dau grŵp pwyso i'r amlwg ac, fel y dangosodd yr hanesydd Americanaidd H. H. Wilson yn ei lyfr *Pressure Group* (1961), yr oedd y naill o blaid yr egwyddor o deledu masnachol a'r llall yn ei herbyn. Yr oedd y *Popular Television Association* o blaid datblygiadau masnachol ac yr oedd ganddi gefnogaeth y diwydiant hysbysebu yn ogystal â gwŷr dylanwadol megis Iarll Derby (a ddaeth, yn ddiweddarach, yn gadeirydd cwmni TWW). O du'r *National Television Council* y deuai'r gwrthwynebiad i deledu masnachol, a hynny ar sail y ffaith y byddai unrhyw elfen o gyfrifoldeb cymdeithasol yn cael ei haberthu ar allor Mamon. Yn y bôn, yr oedd dau brif bwynt i'r ddadl: yn gyntaf, a oedd hi'n beth doeth gadael i un gorfforaeth dra-arglwyddiaethu dros gyfrwng cyfathrebu grymus fel teledu? Oni fyddai sianel ychwanegol yn rhoi cyfle i feithrin a hyrwyddo talent creadigol newydd (fel y dadleuodd Iarll Derby fwy nag unwaith, ac fel y mynnodd Selwyn Lloyd yn ei adroddiad lleiafrifol)? Yn ail, a ddylid manteisio ar offeryn grymus fel teledu er mwyn hyrwyddo diddordebau masnachol? Ym mis Mai 1952 cyflwynwyd Papur Gwyn yn amlinellu strwythur y gwasanaeth teledu newydd, ac ym 1954 pasiwyd Deddf Deledu a ganiatâi deledu ar seiliau masnachol yng ngwledydd Prydain am y tro cyntaf erioed.

I raddau helaeth atebwyd gofidiau'r rheini a ofnai y byddai teledu annibynnol yn arwain at lwyr fasnacheiddio'r tonfeddi trwy sicrhau y byddai'r gwasanaeth teledu newydd yn cael ei sefydlu y tu mewn i fframwaith darlledu cyhoeddus. Sefydlwyd yr Awdurdod Teledu Annibynnol (ATA) ar batrwm y BBC, a rhoddwyd iddo rymoedd nid annhebyg i eiddo'r Gorfforaeth. Yn ogystal, penderfynwyd ar system wahanol i'r un Americanaidd ar gyfer hysbysebu nwyddau. Byddai'r cwmnïau annibynnol newydd yn dilyn trefn hysbysebion 'spot' lle y byddai'r egwyl ar gyfer hysbysebion yn digwydd ar adegau 'naturiol' yn ystod y rhaglen. Ac ni fyddai teledu masnachol Prydain yn dilyn yr esiampl Americanaidd o sicrhau nawdd i raglenni o du hysbysebwyr.

Penderfynwyd y byddai strwythur y gwasanaeth newydd yn wahanol i eiddo'r BBC hefyd. Yn lle Corfforaeth wedi ei chanoli yn Llundain, byddai gan deledu masnachol strwythur ffederal, gyda'r gwir rym yn nwylo'r cwmnïau rhanbarthol. Ar un ystyr, felly, o fwrw golwg yn ôl dros y dadleuon a'r trafodaethau a fu yn nyddiau cynnar darlledu yng Nghymru, gellid dadlau bod y strwythur newydd hwn yn cynnig rhyw lygedyn o obaith i'r sawl a frwydrai am wasanaeth a fyddai'n 'nes at y bobl' neu'n fwy atebol i ddyheadau'r gynulleidfa leol. Bwriad y gyfundrefn newydd oedd sicrhau bod y sawl a fyddai'n gyfrifol am arwain a

32 Côr yn canu yn stiwdio Teledu Cymru yng Nghaerdydd, 1963.

33 Cyflwynwyr a chynhyrchwyr rhaglen *Y Dydd* yn nyddiau cynnar TWW.

gweinyddu'r gorsafoedd yn adnabod eu hardaloedd yn dda ac yn byw ymhlith eu darpar wylwyr.

Gwawriodd oes teledu masnachol yng ngwledydd Prydain ar 22 Medi 1955 pan ddarlledodd cwmni teledu Rediffusion yn fyw o Lundain. Trigolion prifddinas Lloegr yn unig a elwodd o'r gwasanaeth newydd hwn ac aeth saith mlynedd heibio cyn i rwydwaith teledu annibynnol gael ei sefydlu ledled Prydain. Erbyn Hydref 1956 yr oedd consortiwm wedi ei ffurfio er mwyn cynnig am drwydded ar gyfer darlledu yn ardal de Cymru a gorllewin Lloegr. Ar 26 Hydref 1956 cyhoeddodd yr ATA mai cwmni Television Wales and the West (TWW) a fyddai'n darparu rhaglenni ar gyfer yr ardal. Fel y nododd *Television Annual* ym 1958: 'Independent television . . . grows like a lusty adolescent, rapidly increasing its frame. The network is now spreading to . . . South Wales and the South-West. Its "flesh", the audience within reach of the network, waxes fatter each month.' Ymhlith cyfarwyddwyr y cwmni hwn yng Nghymru yr oedd rhai o hoelion wyth y gymdeithas Gymraeg, megis Syr Ifan ab Owen Edwards a Huw T. Edwards. Cynhyrchwyd rhaglenni Cymraeg niferus o'r stiwdios ym Mhontcana, Caerdydd, gan gynnwys *Amser Te* (gyda Myfanwy Howell), *Am y Gorau* (cwis ar gyfer ysgolion), *Gair am Air* a *Land of Song*, rhaglen a gyflwynid gan Ivor Emmanuel ac a ddarlledid ar y rhwydwaith Prydeinig unwaith y mis ar y Sul.

Profodd TWW yn orsaf boblogaidd a llwyddiannus yn ystod ei blynyddoedd cynnar. O'r cychwyn aeth ati i 'uniaethu gyda'r cymunedau yr ydym yn eu gwasanaethu', fel y nododd Adroddiad Blynyddol 1960 (gan gofio bod y cwmni yn gwasanaethu de-orllewin Lloegr yn ogystal â Chymru – 'a peculiar and challenging job', yn ôl y *Guardian* ym mis Hydref 1960). Erbyn diwedd 1960 yr oedd gan TWW gynulleidfa gref o 2.5 miliwn a chafwyd cynnydd sylweddol yn nifer y teuluoedd yn y dalgylch ddarlledu a brynodd setiau newydd er mwyn gallu derbyn y sianel.

Pan ddaeth yn amlwg ym mis Ionawr 1960 fod yr ATA yn awyddus i gwblhau'r rhwydwaith teledu trwy gynnig gwasanaeth ar gyfer gogledd a gorllewin Cymru, tybiai llawer y dylid gosod y cyfrifoldeb hwnnw yn nwylo cwmni Cymreig dan reolaeth Cymry a fyddai'n driw i etifeddiaeth ddiwylliannol ac ieithyddol y Gymru Gymraeg. Teimlai nifer o sefydliadau a mudiadau cyhoeddus nad oedd y ddarpariaeth bresennol yn diwallu anghenion diwylliannol y genedl. At hynny, tybiai rhai, megis Gwynfor Evans yng nghanol y 1950au, y byddai'r gwasanaeth teledu yn chwyldroi'r gyfundrefn gyfathrebu. Gan fod cynifer o setiau teledu ar aelwydydd Cymraeg, ofnid y byddai ton o Seisnigrwydd Eingl-Americanaidd yn ysgubo'r iaith gynhenid o'r neilltu. Ofnai Gwynfor Evans fod y teledu yn bygwth tanseilio 'treftadaeth ddiwylliannol Cymru ac ysigo gafael yr iaith Gymraeg yn enbyd iawn'. Serch hynny, yr oedd hefyd garfan arall a gredai na allai teledu masnachol ddiwallu anghenion y Cymry Cymraeg. Mewn llythyr agored at Syr Harry Pilkington (cadeirydd pwyllgor a sefydlwyd ym 1960 i archwilio dyfodol darlledu), dadleuodd Alwyn D. Rees fel a ganlyn:

> Commercial television will never be able to give the Welsh language more than a trivial share of its total hourage . . . and this applies particularly to West Wales where the need is greatest and the potential advertising revenue smallest. *Public service radio and television is our only hope.*

Ceid carfan arall a gredai y gellid manteisio ar y cyfle i fentro a chynnal gwasanaeth teledu a roddai le amlwg i'r Gymraeg ar y sgrin, a hynny yn ystod yr oriau brig. Ar ôl cyfarfod cenedlaethol a gynhaliwyd yng Nghaerdydd ym mis Medi 1959 (cyfarfod a ddenodd 200 o bobl, gan gynnwys cynrychiolwyr o'r 82 awdurdod lleol yng Nghymru a 24 o sefydliadau eraill), aethpwyd ati i geisio dwyn perswâd ar y

Llywodraeth a'r ATA i sefydlu gwasanaeth newydd cyn gynted â phosibl. Gwnaethpwyd hynny gan yr hyn a elwid yn 'Bwyllgor Parhau', sef unigolion a geisiai barhau â'r gwaith ar ôl y cyfarfod cenedlaethol. Ymhlith aelodau'r pwyllgor hwn yr oedd Dr B. Haydn Williams, Cyfarwyddwr Addysg Sir Y Fflint ac arloeswr yn y byd addysg, yr addysgwr a'r llenor Dr Jac L. Williams, a'r Uwchgapten Cennydd Traherne, Arglwydd Raglaw Morgannwg. Lluniwyd memorandwm technegol gan B. Haydn Williams, a bu hwn yn sail i'r trafodaethau a gafwyd rhwng y Pwyllgor a Syr Robert Fraser, Cyfarwyddwr Cyffredinol yr ATA, ym mis Ionawr 1960.

Gan fod Fraser yn bur ymwybodol o'r pwysau cynyddol a oedd yn tyfu yng Nghymru, cyhoeddodd ym mis Awst 1960 (yn ystod ymweliad ag Eisteddfod Genedlaethol Caerdydd) y byddai'r ATA yn hysbysebu am gwmni i ddarparu gwasanaeth teledu annibynnol ar gyfer gogledd a gorllewin Cymru. Ym mis Medi'r un flwyddyn cynhaliwyd cyfarfod yng Nghaerdydd ar gyfer noddwyr y gwasanaeth teledu arfaethedig newydd gyda'r bwriad o sefydlu cwmni i redeg y gwasanaeth hwn. Dengys cofnodion y cyfarfod hwnnw brif fwriadau'r rheini a aeth ati i sefydlu pwyllgor gwaith er mwyn ceisio ennill y cytundeb. Yr oeddynt yn awyddus i ddiogelu iaith a diwylliant Cymru drwy ddarparu dogn sylweddol o raglenni a fyddai'n adlewyrchu bywyd a diddordebau'r rhanbarth ac yn apelio at bobl leol. Penodwyd B. Haydn Williams yn gadeirydd, Cennydd Traherne yn is-gadeirydd, a Dr William Thomas yn ysgrifennydd. Yr aelodau eraill oedd Gwynfor Evans, Islwyn Davies, Kenneth Davies a'r Cyrnol Williams-Wynne. Aethpwyd ati ar unwaith i gasglu enwau ac arian gan ddarpar-gyfranddalwyr ledled Cymru a dengys y rhestr o'r bobl a rwydwyd fod cefnogaeth frwd iawn i'r fenter ymhlith Cymry Cymraeg yr ardal a wasanaethid gan y cwmni newydd. Erbyn mis Hydref 1961 derbyniwyd tua £300,000 oddi wrth noddwyr a chefnogwyr eraill.

Ymddangosodd hysbyseb ynghylch y drwydded yn y wasg ar 7 Ebrill 1961, ac erbyn y dyddiad cau ganol mis Mai yr oedd pedwar consortiwm wedi anfon ceisiadau at yr ATA: Wales Television Association (Teledu Cymru), dan arweinyddiaeth B. Haydn Williams; Television Wales Norwest, dan arweiniad Gwilym Lloyd-George, Cambrian Television, dan gadeiryddiaeth yr Arglwydd Ogmore a Cambrian (North and West Wales) Television, dan Ardalydd Bute. Ym mis Mehefin 1961 cyhoeddwyd bod consortiwm B. Haydn Williams wedi ennill y drwydded, ac ar 14 Medi 1962 dechreuodd cwmni Television Wales (West and North) neu Teledu Cymru ddarlledu am y tro cyntaf. Cwta bymtheng mis yn ddiweddarach, aeth y cwmni i'r wal.

Nid mater hawdd yw dadansoddi paham y methodd y cwmni. Gellid rhestru nifer o ffactorau – personoliaethau gwahanol, problemau technegol, natur a chynnwys y rhaglenni, rheolaeth y cwmni, y dirwasgiad yn y diwydiant hysbysebu, ac ymateb y gynulleidfa – ond yr ateb syml yw nad oes un rheswm penodol sy'n esbonio'r methiant. Yn hytrach, rhaid ystyried nifer o ffactorau a weithiai yn erbyn ei gilydd, gan greu yn y pen draw sefyllfa a oedd yn amhosibl i'w datrys.

Fel y crybwyllwyd eisoes, yr oedd rhai yn ddrwgdybus iawn o gymhellion y cwmni masnachol o'r cychwyn. Ym 1961 cyhoeddodd Cyhoeddiadau Radical Caerfyrddin bamffled ymfflamychol gan awdur yn defnyddio'r ffugenw 'Sodlau Prysur'. (Daeth yn hysbys wedi hynny mai 'Sodlau Prysur' oedd Aneirin Talfan Davies, cyn-Bennaeth Rhaglenni'r BBC yng Nghymru.) Dan y teitl *Teledu Mamon*, ymosododd 'Sodlau Prysur' ar y cysyniad sylfaenol o sefydlu teledu masnachol, gan ddarogan tranc yr iaith Gymraeg, ynghyd â'i diwylliant a'i ffordd o fyw. Gan gyfeirio at yr hyn a elwid yn 'Hysbysebau Mamon' a ddangosid ar y sianel, meddai, 'Bydd dwyn Teledu Masnachol i mewn i'r ardaloedd Cymreig yn sicr yn gwrthweithio'r holl ddaioni a wnaed gan

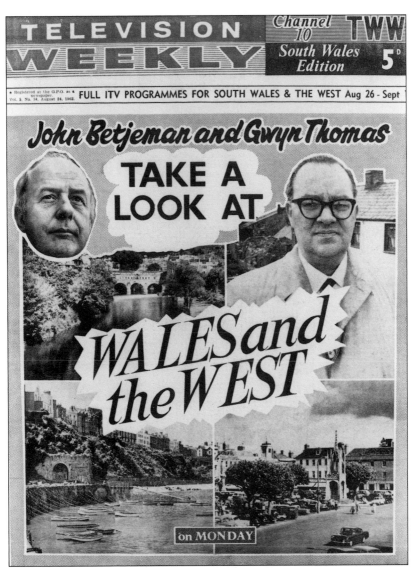

34 Tudalen flaen *Television Weekly*, cylchgrawn teledu TWW,
24 Awst 1962.

y bleidlais dros gau'r tafarnau ar y Sul.' Ymosododd yn
chwyrn ar rai o gyfarwyddwyr y cwmni teledu newydd, gan
gynnwys Gwynfor Evans, llywydd Plaid Cymru ar y pryd:
'Pwy bellach all gredu mewn Plaid sy'n gwneud Mamon byd
masnach yn gyfrifol am barhad y genedl Gymreig?'
Cyhuddwyd Gwynfor Evans a B. Haydn Williams o
gamarwain cannoedd o fuddsoddwyr a oedd wedi cefnogi'r
cwmni yn ariannol ar sail y ffaith y credent y byddai
rhaglenni Cymraeg yn cael eu darlledu yn ystod yr oriau
brig. Bellach yr oedd yn amlwg na ddangosid rhaglenni o'r
fath rhwng saith a deg y nos wedi'r cwbl. Dengys yr
ohebiaeth rhwng aelodau Bwrdd Cyfarwyddwyr y cwmni ac
Everetts, yr asiantaeth hysbysebu a oedd yn gyfrifol am
ofalu am fuddiannau'r cwmni yn y maes hwn, mai
ystyriaethau ariannol a orfu. Er enghraifft, mewn llythyr at
David Vaughan ym mis Mawrth 1961, dywedodd Everett
Jones yn eglur: 'there can be no attempt to mount a Welsh
programme between 7 and 10.30 pm'. Bu gwrthdaro dro ar
ôl tro rhwng gwerthoedd y byd teledu masnachol a
dyheadau diwylliannol y cyfarwyddwyr.

Dengys cynnwys cylchgronau a disgwrs diwedd y 1950au
a dechrau'r 1960au deimladau'r garfan nad oedd yn bleidiol i
deledu masnachol. Mewn cerdd yn dwyn y teitl 'Yr Oes Olau
Hon' a gyhoeddwyd yn *Blodau'r Ffair* yn Haf 1961, meddai
D. H. Culpitt o Gefneithin (a'i dafod yn ei foch, efallai?):

> Mae ffyrch y diawl i'w gweld yn awr
> Ar gornel simnai'r Hendre Fawr;
> I fangre dethol geiriau da
> Daeth roc an' rôl a'r tsha, tsha, tsha . . .
> Daeth 'Take your Pick' a 'Treble Chance'
> I dŷ cymydog gŵr y Mans . . .
> A siarad geir am Peri Como
> 'Mhlith hysbysiadau 'Teid' ac 'Omo';
> I'r aelwyd gynt lle bu y gân
> Daeth dyfeisiadau uffern dân,

Ac ym mythynnod Cymru Wen
Mae'r diawl unllygad heddiw'n ben.
Daeth barn ar fyd! Gyfeillion, dowch
I'r encilfeydd! O bobol, ffowch!

Diddorol nodi bod yr un ymateb wedi digwydd yn Iwerddon.
Yn ei lyfr *Screening Ireland: Film and Television
Representation* ceir gan Lance Pettitt gartŵn a gyhoeddwyd
yn *Dublin Opinion*, cylchgrawn dychanol yn nechrau'r
chwedegau sy'n dangos hen ŵr yn eistedd ar ei ben ei hun o
flaen y tân a gweddill ei deulu'n eistedd o flaen set deledu
yn gwylio canwr pop yn mynd trwy'i bethau. Y mae'n
amlwg fod yr hen ŵr wedi digio oherwydd bod ei dylwyth
yn gwylio rhaglenni Eingl-Americanaidd estron yn hytrach
na gwrando ar ei hanesion llafar traddodiadol ef.

35 Cartŵn yn *Dublin Opinion* (1960) yn cyfleu dicter y cyfarwydd
Gwyddelig oherwydd dylanwad rhaglenni Eingl-Americanaidd.

A ellir beio Awdurdod Teledu Annibynnol am fethiant Teledu Cymru? Y mae'n bosibl dadlau na ddylai'r Awdurdod fod wedi caniatáu trwydded i gwmni mewn ardal a wasanaethid i raddau helaeth gan gwmnïau a fodolai eisoes. Ar hyd arfordir de Cymru, byddai gorgyffwrdd yn digwydd â thonfeddi TWW ac yr oedd rhaglenni cwmni Granada eisoes yn cyrraedd cartrefi ar hyd glannau'r gogledd. Rhaid cofio bod Granada wedi cynnig rhaglen Gymraeg *Dewch i Mewn*, dan ofal cyflwynwyr a chynhyrchwyr megis Meredith Edwards a Rhydwen Williams er 1958, a hefyd wedi darlledu rhai o raglenni Cymraeg TWW megis *Amser Te*. Pan gyhoeddodd yr Awdurdod y gwahoddiad i gwmnïau geisio am y drwydded, yr oedd ei bryderon yn amlwg: 'The Authority is conscious of the fact that the combined West and North Wales area is, in terms of population covered, small and likely to be only marginally profitable for any independent company which is appointed to operate there.' Yng ngoleuni'r wybodaeth hon, a oedd gofynion yr ATA a'r Swyddfa Bost o ran oriau darlledu, sef o leiaf ddeg awr yr wythnos o raglenni Cymraeg a Chymreig, a hynny yn ystod 'oriau da', yn afresymol ar gyfer cwmni o'r fath?

Wedi dweud hyn, y mae'n bwysig nodi (fel y gwnaeth Bernard Sendall, cyn-Ddirprwy Gyfarwyddwr yr ATA) fod Syr Robert Fraser, Cyfarwyddwr Cyffredinol yr ATA, wedi bod yn gefnogol tu hwnt i'r cwmni. Ar adeg pan oedd blaenoriaethau eraill yn galw, rhoes o'i amser a'i egni i geisio hyrwyddo polisi rhanbarthol yr Awdurdod. Dyfynna Sendall ran o lythyr a ysgrifennwyd gan Gwynfor Evans ato: 'In the midst of the bitter disappointment . . . the selfless and generous sympathy and help you have given from the start stands out as the finest thing in our experience of independent television. You could not have done more.'

Nid yw'n bosibl osgoi'r ffaith fod tensiynau personol wedi effeithio'n andwyol ar hynt Teledu Cymru. Dengys cynnwys papurau personol y sawl a oedd yng nghanol digwyddiadau cyffrous 1962–3 hyn yn eglur iawn. Ffigur allweddol yn hanes Teledu Cymru oedd cadeirydd y cwmni, B. Haydn Williams, yr addysgwr arloesol. Ef, yn anad neb arall, a sicrhaodd dwf a datblygiad addysg Gymraeg yng ngogledd-ddwyrain Cymru. Yr oedd yn gymeriad grymus a enynnai barch bob amser. Serch hynny, credai llawer fod ei optimistiaeth a'i uchelgais yn y cyd-destun hwn wedi arwain at ddinistr y fenter. Dengys cofnodion Bwrdd y Cyfarwyddwyr ei fod yn benderfynol o gael ei ffordd ei hun a'i fod, ar adegau, yn amharod i wrando ar farn eraill. Deuai hyn i'r amlwg wrth drafod materion ariannol y cwmni. Tra oedd cyfarwyddwyr a chanddynt gysylltiadau â'r byd ariannol, gwŷr megis Emrys Roberts a David Vaughan (Cyfarwyddwr Rhanbarthol Banc Barclays yn ne Cymru), yn ceisio paratoi amcangyfrifon ac amcanestyniadau carcus, glynai Haydn Williams wrth ei ffigurau optimistaidd ef. Mynegodd Emrys Roberts ei amheuon ynghylch yr amcangyfrif y byddai'r incwm blynyddol yn £500,000 mewn llythyr at y cyfarwyddwyr, ac mewn llythyr at Dr William Thomas ar 10 Hydref 1961 dywedodd: 'I feel I must say I am now sceptical about the commercial prospects of Wales Television Ltd . . . [the] venture is so speculative.'

Ar ben hynny, yr oedd anawsterau technegol yn ffactor allweddol ym methiant y cwmni. Dengys datganiad i'r wasg a gyhoeddwyd gan yr ATA ym mis Mehefin 1961 fod y drwydded ddarlledu wedi ei chaniatáu ar sail y ffaith y byddai trosglwyddyddion yn y Preselau ac ym Mhenrhyn Llŷn yn weithredol erbyn diwedd 1962 ac y byddai trosglwyddydd Moel-y-Parc (ar gyfer siroedd Y Fflint a Dinbych) yn weithredol ymhen ychydig amser wedi hynny, pe ceid caniatâd y Postfeistr Cyffredinol. Serch hynny, mewn cyfarfod o Fwrdd Cyfarwyddwyr Teledu Cymru a gynhaliwyd ar 27 Gorffennaf 1962, nodwyd mai'r trosglwyddydd yn y Preselau yn unig a fyddai ar gael ac y byddai 'oedi difrifol' cyn agor y trosglwyddydd yn Arfon.

Achosodd hyn gryn embaras i'r cwmni gan fod hysbysebion ar gyfer y gwasanaeth eisoes i'w gweld yng nghyffiniau Caernarfon. O'r herwydd, penderfynwyd dileu'r cyfeiriad at y dyddiad cychwyn gwreiddiol (sef 14 Medi) a gosod 'yn fuan' yn ei le. Yr oedd y Swyddfa Bost yn gyndyn iawn i awdurdodi sefydlu trosglwyddydd newydd ar gyfer y gogledd-ddwyrain, gan ddadlau bod yr ardal eisoes yn derbyn gwasanaeth gan gwmnïau a fodolai eisoes.

Un o sgil-effeithiau peidio â gosod trosglwyddyddion yn eu lle oedd diffyg cynulleidfa ddigonol i dderbyn y rhaglenni a ddarlledid. Yn ôl un o gyflwynwyr newyddion y cwmni, yr oedd y sefyllfa yn destun sbort ymhlith rhai cwmnïau eraill yn ogystal â'r hysbysebwyr. Un o'r sylwadau a wnaed ar y pryd oedd fod hysbysebu yn ardal Teledu Cymru fel gwerthu 'Daz' i ddefaid! Ar ben hynny, yr oedd disgwyl i wylwyr fynd i'r drafferth o newid eu setiau teledu er mwyn sicrhau

36 Gwyn Llewelyn, un o ohebwyr
   Teledu Cymru.

eu bod yn gallu derbyn y sianel fasnachol newydd. Petai'r tri throsglwyddydd yn weithredol, byddai gan Deledu Cymru gynulleidfa bosibl o ryw filiwn o bobl. Ond, ar y llaw arall, yr oedd nifer o'r darpar-wylwyr hyn eisoes yn derbyn rhaglenni ITV gan gwmnïau cyfagos, fel y nodwyd uchod. Erbyn mis Rhagfyr 1962, dri mis wedi dechrau darlledu, yr oedd 74,000 o setiau teledu ar gyfer ardaloedd y Preselau ac Arfon, ac amcangyfrifwyd y byddai cyfanswm o 110,000 o setiau teledu yno erbyn i drosglwyddydd Moel-y-Parc agor yn sir Y Fflint.

Uwchlaw pob dim arall, y mae hanes cwmni Teledu Cymru yn crisialu'r ddadl oesol rhwng gofynion masnachol ar y naill llaw ac ystyriaethau diwylliannol ar y llaw arall. Er bod gan arloeswyr fel B. Haydn Williams ac eraill ddyheadau teilwng a chanmoladwy, yr oedd y ffaith fod y cwmni yn gweithio y tu mewn i gyfundrefn fasnachol yn aml yn llyffethair ac yn faen tramgwydd. Dengys cofnodion cyfarfod a gynhaliwyd rhwng Emrys Roberts, David Vaughan ac Everetts, asiantaeth hysbysebu'r cwmni teledu, ym mis Mawrth 1961 yn eglur nad oedd gorllewin Cymru, gan gynnwys Penrhyn Llŷn, o unrhyw werth masnachol a gwerthiannol yn nhermau'r farchnad 'genedlaethol' (h.y. Prydeinig). O'r herwydd byddai'n rhaid manteisio ar bob cyfle i ddenu cynulleidfa fawr er mwyn bodloni'r hysbysebwyr (ac y mae'r dystiolaeth yn awgrymu nad peth hawdd fyddai denu busnesau lleol i hysbysebu ar y sianel newydd).

Dro ar ôl tro, cafwyd bod cenhadaeth ddiwylliannol sylfaenwyr y cwmni yn gwrthdaro â realiti'r byd masnachol. O'r cychwyn 'gwerthwyd' y cwmni fel un a oedd am hyrwyddo a diogelu'r iaith Gymraeg a'i diwylliant yn hytrach nag fel un a geisiai greu elw mawr ar gyfer cyfranddalwyr. Ond er bod y rhain yn gymhellion pwysig, fe'u lluniwyd ar draul synnwyr busnes cadarn. Mewn llythyr a anfonwyd at Jenkin Alban Davies, aelod yr ATA

dros Gymru, ym mis Tachwedd 1961, mynegodd David
Vaughan ei bryder ynglŷn â seiliau ariannol Teledu Cymru a
chraffter ariannol y sawl a oedd wrth y llyw:

> I have advised the Syndicate that whilst I am in entire
> sympathy with the cultural aims which are so keenly
> and properly desired by yourself, and are shared by the
> members of the Syndicate, I do not believe that these
> aims will be served unless we go forward as primarily a
> commercial enterprise.

Un o brif wendidau'r cwmni oedd ei allu (neu ei anallu) i
reoli incwm a gwariant. Crybwyllwyd eisoes fod gan y
cwmni ragolygon gor-optimistaidd, a bu gwario mawr o'r
cychwyn. Pan adeiladwyd stiwdio yng Nghaerdydd, gwnaed
hynny ar gost uchel iawn o'i gymharu â chwmnïau teledu
eraill. Yn ôl un cyn-gyflwynydd a oedd yn perthyn i'r
cwmni, yr oedd hwn yn un o'r stiwdios teledu gorau yn
Ewrop. Gwyddys bod yr ATA yn Llundain yn gofidio am
gyflwr ariannol y cwmni. Mewn cyfres o lythyrau rhwng
Emrys Roberts ac Alban Davies, mynegwyd pryderon
ynglŷn â'r sefyllfa ariannol ac effaith hyn ar ysbryd y staff.
Ar yr un pryd, nodwyd pryder yr ATA fod y cwmni wedi
gorwario ar adeiladau, gan adael y nesaf peth i ddim ar gyfer
y rhaglenni eu hunain. 'Nid wyf yn hoffi'r sefyllfa ariannol o
gwbl', meddai Davies mewn llythyr at Roberts ym mis
Hydref 1962.

Daeth y gwrthdaro rhwng gosod y rhaglenni Cymraeg ar
oriau brig a'r angen i ddenu cynulleidfa gref er mwyn
sicrhau arian hysbysebwyr i'r amlwg fwy nag unwaith yn
hanes y cwmni. Ym mis Mai 1961, wrth gynnig sylwadau ar
geisiadau'r pedwar cwmni a geisiodd am yr hawl i ddarlledu,
nododd Alban Davies y byddai'n rhaid disgwyl gostyngiad
incwm wrth ddangos rhaglenni Cymraeg ar yr oriau brig.
Ym mis Rhagfyr 1962 mynegwyd pryder ynglŷn â darlledu
rhaglenni Cymraeg yn hwyr y nos, ond nododd B. Haydn

Williams a Nathan Hughes, y Rheolwr Cyffredinol, y byddai'n rhaid i'r cwmni ddarlledu rhaglenni'r rhwydwaith ar yr oriau brig er mwyn denu cynulleidfa fawr. Yr oedd asiantaeth hysbysebu'r cwmni, Everetts, yn awyddus iawn i wneud y gorau o'r ychydig arian a oedd ar gael yn y rhanbarth, ac nid yw'n syndod, felly, iddynt ddwyn perswâd ar Deledu Cymru i osgoi darlledu rhaglenni Cymraeg rhwng 7.00 a 10.30 yr hwyr.

Aeth pethau o ddrwg i waeth. Chwalodd y berthynas rhwng prif reolwyr y cwmni a Bwrdd y Cyfarwyddwyr. Yn ddiarwybod i'r Bwrdd gwnaethpwyd newidiadau munud olaf yn amserlen darlledu rhaglenni'r cwmni a lleisiwyd anniddigrwydd ynghylch ymddygiad llechwraidd Nathan Hughes, y Rheolwr Cyffredinol. Ar 17 Mai 1963, mewn cyfarfod o Fwrdd Cyfarwyddwyr y cwmni yn Amwythig, penderfynwyd dirwyn yr holl raglenni a gynhyrchid gan y cwmni i ben a darlledu rhaglenni Saesneg y rhwydwaith a rhaglenni Cymraeg TWW yn unig. Ar yr un pryd, cytunodd yr ATA i ostwng y tâl ar gyfer rhenti'r tri throsglwyddydd i £100 (hyd at fis Gorffennaf 1964), a dangosodd cwmnïau teledu ABC, ATV a Granada eu cefnogaeth drwy beidio â chodi tâl ar gyfer eu rhaglenni hwythau. Ymddiswyddodd Haydn Williams fel cadeirydd y cwmni, a phenodwyd Eric Thomas (perchennog gwasg Woodall's a golygydd *Y Cymro*) yn rheolwr gyfarwyddwr. Ym mis Mehefin 1963 penderfynodd Pwyllgor Rheoli newydd y cwmni mai'r unig ddewis oedd uno'n ffurfiol â TWW, a dyna a wnaed ym mis Ionawr 1964.

Menter gyffrous ynteu breuddwyd ffôl? Fel y nododd Ifan Gwynfil Evans, prif nodwedd dyddiau cynnar Teledu Cymru oedd optimistiaeth ddall a darddai o ddiffyg dealltwriaeth o'r byd teledu masnachol. Tra oedd darlledwr cyhoeddus 'pur' megis y BBC yn ystyried y gynulleidfa ar lefel ddiwylliannol ac ideolegol ac yn eu trin fel dinasyddion, defnyddwyr ('consumers') oedd y gynulleidfa yng ngolwg

hyrwyddwyr teledu masnachol. Fel y nododd Ien Ang,
gwerthu cynulleidfa i hysbysebwyr yw hanfod teledu
masnachol.

Ceid hefyd wrthdaro personol ac erbyn y diwedd yr oedd
y rheolwr, y staff a'r undebau yn tynnu'n gwbl groes i
ddyheadau a dymuniadau'r cyfarwyddwyr. Droeon cyfeirid
at y sawl a arweiniai'r cwmni fel 'amaturiaid' na wyddent
ddim am natur gystadleuol a helbulus darlledu masnachol.
Eto i gyd, yr oedd nifer o ffactorau allanol – rhai technegol
yn eu plith – wedi milwrio yn erbyn llwyddiant y cwmni ar
hyd y daith. Ni ellir llai na pharchu ac edmygu dewrder a
gweledigaeth y bobl a geisiodd ddarparu gwasanaeth teledu
Cymraeg ar gyfer Cymru. Y mae darllen cofnodion a
gohebiaeth y cwmni o'r dyddiau llawn hyder ym 1959 hyd
at y chwalfa ym 1963 yn addysg ynddo'i hun. Y mae'n
cyfleu peth o'r cyffro a'r awydd am lwyddiant a oedd ym
mêr esgyrn yr arloeswyr hynny a osododd sylfeini cadarn i'r
hyn a ddaeth i Gymru ar ddechrau'r 1980au. Fel y dywedodd
Bernard Sendall:

> The ... history of this company is one of a mounting
> series of setbacks and disappointments. If any blame
> for the damaging consequences of those events – most
> of which were well outside their control – could be laid
> to their door, it could only be in terms of lack of
> prudent foresight and an impetuous excess of zeal to
> which might be added those occasional failures of tact
> and public relations sense common to men who are
> convinced of the rightness of their cause.

DARLLEN PELLACH

Asa Briggs, *The History of Broadcasting in the United Kingdom. Volume 5: Competition* (Llundain, 1995).

John Davies, *Broadcasting and the BBC in Wales* (Caerdydd, 1994).

Ifan Gwynfil Evans, '"Drunk on Hopes and Ideals": The Failure of Wales Television, 1959–1963', *Llafur*, 7, rhif 2 (1997).

Martin McLoone, 'Music Hall Dope and British Propaganda? Cultural identity and early broadcasting in Ireland', *Historical Journal of Film, Radio and Television*, 20, rhif 3 (Awst 2000).

Jamie Medhurst, 'The Mass Media in Twentieth-Century Wales', *A Nation and its Books*, goln. Philip Henry Jones ac Eiluned Rees (Aberystwyth, 1998).

Lance Pettitt, *Screening Ireland: Film and Television Representation* (Manceinion, 2000).

Manon Rhys (gol.), *Bywyd Cymro: Gwynfor Evans* (Caernarfon, 1982).

Bernard Sendall, *Independent Television in Britain. Volume 2: Expansion and Change, 1958–68* (Llundain, 1983).

'Sodlau Prysur' [Aneirin Talfan Davies], *Teledu Mamon* (Caerfyrddin, 1961).

John Roberts Williams, *Annwyl Gyfeillion* (Llandysul, 1975).